Ainda muitas outras coisas fez Jesus. Se todas elas fossem escritas por miúdo – creio que nem caberiam no mundo os livros que se deveriam escrever".

Evangelho de João, 21, 25

Lauro Trevisan

O centurião que espionava Jesus a mando de Pilatos

A história viva de Jesus

O centurião que espionava Jesus a mando de Pilatos

Copyright by Lauro Trevisan
Lançamento: outubro 2005
Capa: Art Meio
Ilustração da capa: "Ecce Homo", de Antonio Ciseri (1821-1891)
Direitos reservados: pode transcrever textos à vontade,
mas cite o autor, por honestidade.

Pedidos: Editora e distribuidora da Mente Ltda.
Rua Tuiuti, 1677 - Caixa Postal: 559
97015-663 - Santa Maria - RS - Brasil
Fone: (55) 3223.0202 ou Fax: (55) 3221.7184
E-mail: mente@laurotrevisan.com.br
Internet: www.laurotrevisan.com.br

Lauro Trevisan

1

O centurião é convocado por Pilatos

Entardecer de outono em Jerusalém. O centurião Cornelius Cirius, cansado da longa viagem, desceu do cavalo no Monte das Oliveiras e recostou-se junto a uma velha e frondosa árvore.

Por algum tempo, ficou contemplando o esvoaçar das folhas secas pelo chão ao sabor da brisa. Erguendo os olhos vagarosamente, pôde apreciar o grandioso templo, símbolo da vida exuberante dessa cidade de 50.000 habitantes, que, nas festas, incha para 180.000, tornando-se fervilhante metrópole. Atrás do templo, incrustado nele, vislumbrou a Torre Antônia, castelo-palácio-fortaleza, onde o procurador Poncio Pilatos, quinto prefeito da Judéia e Samaria, o usa como pretório e como sede, quando vem a Jerusalém. Nessa fortaleza, engrandecida por três torres luxuosas, Pilatos comanda uma coorte militar, contingente de 500 soldados, e lança seu olhar de águia sobre os judeus.

De quando em quando, principalmente em períodos de festas, como páscoa, tabernáculos, pentecostes, e outras, que atraem milhares de peregrinos, Pilatos sobe da sua sede principal, em Cesaréia de Felipe, a Jerusalém, ocupando a Torre Antônia

O centurião que espionava Jesus a mando de Pilatos

ou o Palácio de Herodes.

Desde que o imperador Augusto depôs Arquelau, então governante da Judéia, Samaria e Iduméia - atendendo a uma delegação de judeus influentes e pró-romanos que fora a Roma queixar-se do etnarca por suas arbitrariedades, violência e intromissão na hierarquia do templo - essas províncias passaram às mãos de um prefeito, ou procurador, escolhido por Roma.

A Torre Antônia fora construída por Herodes, o Grande, nela habitando por doze anos.

"Roma! Grande Roma! - exaltava-se o militar. - Há cem anos nossas legiões passaram por aqui e subjugaram esse povo!".

Tirando o capacete da cabeça, Cornelius rememorava a história: o imperador Augusto, sempre lembrado por seus encantos físicos, mas principalmente por sua inteligência privilegiada, alta capacidade administrativa e diplomacia competente, conseguiu promover um período de paz e progresso no vasto império romano. Com a morte de seu amigo e vassalo Herodes Magno, Augusto dividiu o reino em quatro partes, três delas entregues aos três filhos de Herodes: Arquelau, deposto dois anos depois, ficou com a Judéia, Samaria e Iduméia, tendo Jerusalém como capital; Herodes Antipas tomou posse da Galiléia e Peréia, fazendo de Tiberíades a capital; Herodes Felipe, filho de Cleópatra, assumiu a Gaulanítide, região da transjordânia; a Batanéia, região de Basan; a Traconítide, situada ao sul de Damasco, entre montanhas pedregosas; a Auranítide, região de Auran; e a Ituréia, região da transjordânia, de língua aramaica. Felipe mantém a sede em Cesaréia, mas fez obras e palácios em Betsaida, sua cidade preferida. A quarta parte, Abilene, localizada a noroeste de Damasco, foi entregue a Lisânias.

8

Lauro Trevisan

Toda essa sucessão de pensamentos foi desfilando pela cabeça do centurião, enquanto seu olhar vagava sobre a imponência da cidade santificada pelo Deus dos judeus.

Como que acordando da longa divagação, Cornelius passou a conjeturar sobre os motivos que teriam levado o procurador Pilatos a chamá-lo para uma audiência, logo a ele, que atuava na Cafarnaum da distante Galiléia e nem sequer era oficial de hierarquia superior: seria a situação política da Galiléia? Herodes Antipas? Missão especial?

Bem sabia que Pilatos era homem de gênio forte, impetuoso, duro. Tinha consciência de que ia se encontrar com um governante difícil, arrogante, até mesmo cruel em certas circunstâncias, mas também agradável quando de bom humor. O povo e as autoridades judaicas o temiam por sua brutalidade em defesa dos interesses de Roma e de Tibério, atual imperador romano.

Era meia-tarde quando se encaminhou para a Torre Antônia, onde se encontrava, no momento, o procurador. Apresentou-se à guarda e foi conduzido à presença de Pilatos.

Sentado numa cadeira forrada a ouro e veludo vermelho, junto à mesa em que saboreava seu apreciado vinho preferido, Pilatos recebeu os cumprimentos do centurião e descontraidamente o convidou a sentar-se.

- Experimente esse vinho. É de Engadi, região do Mar Morto, onde são cultivadas as melhores vinhas viníferas. Safra do ano passado. Veja a consistência encorpada, o perfume envolvente, o vermelho-arroxeado. Um bom vinho. Eles aqui sabem produzir coisa boa.

Cornelius tomou a taça, contemplou o líquido do deus Baco, rodopiou a taça fazendo o vinho dançar diante de seus

O centurião que espionava Jesus a mando de Pilatos

olhos cobiçosos e ergueu um brinde ao prefeito:

- Boa sorte, saúde e vida longa!

Pilatos sorriu complacente.

O Centurião, em largo gesto cerimonioso, sorveu um gole prolongado, espremeu os lábios e exclamou:

- De primeira. Realmente, por aqui se produz vinho da mais alta qualidade. É tradição do povo, que vem de tempos imemoriais. Para eles, a colheita e o esmagamento das uvas é período de festa. Depois de 40 dias, a borra se sedimenta e o vinho é colocado em odres novos, feitos de pele de cabra.

Cornelius conhecia várias regiões de boas vinhas e bons vinhos e continuou:

- Eles produzem vinho bom em Caná, no Monte Carmelo, em Jericó e vários outros lugares, além de Engadi.

- No outro dia – comentou Poncio – Anaz e Caifaz mandaram-me dois odres cheios de vinho. Aprecio o vinho, mas não essas raposas. Eles saúdam-me com uma mão e com a outra têm ganas de me mandar ferver na geena. Eu os detesto.

- É um povo que acredita na sua eleição divina, por isso permanecerá sempre inquieto, baixando a cabeça para Roma, mas clamando a Javé pela libertação. Os mais radicais, os zelotes, ora aqui, ora acolá inventam movimentos subversivos. É preciso ficar sempre de olho neles – comentou Cornelius, buscando cuidadosamente as palavras.

Pilatos enxugou a boca com o manípulo e acrescentou:

- A elite faz de conta que respeita o domínio romano, mas acha que o deus deles é o único; dão-se a grandes rituais, cumprem preceitos esquisitos, não comem carne de porco porque irrita o deus deles... Que raça!

Carregando mais vinho na taça, o procurador continuou seu comentário:

- Eles podem fazer seus rituais majestosos, mas não tolero qualquer insinuação contra Roma.

Saboreando prazerosamente um largo gole, Pilatos fechou os olhos para prelibar os eflúvios da bebida e então entrou no assunto que lhe interessava propriamente:

- Ouviste falar de um homem, um mago, um líder, um subversivo, sei lá, que anda percorrendo a Galiléia, falando coisas estranhas, atraindo gente?

- Tenho vago conhecimento – desculpou-se Cornelius.

- Chegou-me aos ouvidos. Dizem que é um homem fascinante. Corre boato que transformou água em vinho numa festa de casamento, em Caná. O fenômeno teria causado espanto nas pessoas e atraído seguidores.

- Estranho!

- Chamei-te por isso. Quero que averigúes e me tragas informações. Estás sediado na Galiléia, região por onde ele transita, por isso podes acompanhá-lo de perto. Dizem que quer fundar um reino, mas age sem ambição e sem espírito guerrilheiro, o que me parece extravagante. Por enquanto, fica só entre nós dois. Nada com Antipas, aquele idiota. Missão secreta. És um moço atento, esperto, culto, militar disciplinado, sei que gozas de boa fama, tenho certeza que me trarás as informações que quero.

- Esteja descansado, senhor procurador! – assentiu o centurião.

- E Cafarnaum, Tiberíades, Magdala, Betsaida, Nazaré, enfim aquela região dos teus cuidados, como está?

- Tudo sob controle, excelência. Meus cem homens estão

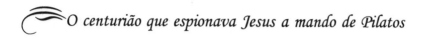
O centurião que espionava Jesus a mando de Pilatos

bem treinados e são de confiança.
- E Herodes Antipas?
- Como sempre! – esquivou-se Cornelius.
- Muito bem! – concluiu Pilatos, abrindo os braços no seu gesto tradicional de fim de audiência.

Lauro Trevisan

2

O centurião em Caná

Cornelius passou a noite em Jerusalém. Aproveitou para comer e beber na taberna que sempre freqüentava quando subia à capital.

No dia seguinte, rumou para Caná da Galiléia. Estava curioso por saber o que se passara naquele casamento.

O centurião tinha vasto conhecimento da Galiléia, região de cerca de 5.000 quilômetros quadrados, situada mais ao norte da terra dos judeus, fazendo fronteira com o Lago de Genezaré. Mais de duzentas cidades e povoados localizam-se nessas terras, sendo que as principais beiram o Lago. Mas pouco sabia de Caná. Enquanto atravessava as montanhas em direção a essa pequena povoação, montado no seu forte cavalo árabe, puro sangue, recordava a conversa com Pilatos e se perguntava quem seria e como seria o homem que deveria espionar.

A viagem fora longa e cansativa. Ao avistar a pequena Caná, com suas belas fontes de água, suas vinhas vigorosas e suas encorpadas figueiras, Cornelius espraiou um delicioso sorriso de satisfação.

13

O centurião que espionava Jesus a mando de Pilatos

Diante da primeira fonte, desceu do animal, bebeu a deliciosa água e deu de beber ao seu bravo cavalo. Descansou tranqüilamente ao pé de uma gigantesca figueira e prelibou o início de sua missão. De onde estava, podia ver as canas, tão abundantes na região.

De repente, seu agudo senso militar percebeu a aproximação de alguém. Era uma jovem com dois cântaros. Buscava a fonte de águas abundantes e frescas. Ao avistar o oficial romano, assustou-se, estancou o passo e queria fugir.

- Não se perturbe – acalmou-a o centurião. - Pode recolher água tranqüilamente. Sou romano, mas não sou hostil. Admiro muito o povo galileu. E sempre tenho pautado minha conduta pela retidão.

A moça permaneceu indecisa por instantes, depois chegou à fonte.

- Você é de Caná? – perguntou Cornelius, pondo empatia na voz.

- Sou, meu senhor.

- Ouvi falar que há dias houve uma bela festa de casamento na cidade e teria acontecido um fenômeno, muito comentado pelo povo. Um certo homem teria transformado a água em vinho. Sabe algo sobre o fato?

- Sei, meu senhor. Eu fazia parte dos "filhos das bodas". Acompanhava o grupo do epitalâmico, o canto nupcial, à porta da noiva, na tarde antes do casamento, mas não estive na festa. Como meu pai passava mal, não fui à festa do casamento.

- Está bem. Obrigado.

A moça pegou os cântaros e safou-se como um raio.

Cornelius compreendeu que ela eximira-se da resposta com

medo de qualquer complicação. Ao mesmo tempo em que se comprometia a dizer o que sabia, omitira aquilo que se referia ao interesse maior do militar.

O centurião entrou numa taberna, pediu vinho e sentou-se diante do balcão, a poucos passos do taberneiro.

- É vinho de Caná – elogiou o taberneiro, ao entregar uma pequena jarra cheia até a boca.

O centurião mediu com os olhos a viscosidade do líquido e, como quem não quer nada, atirou:

- Esse vinho é como aquele que aconteceu nas bodas?

- O vinho que forneci para as bodas era especial, mas o outro, no fim da festa, ganhou de longe em sabor e qualidade.

- De onde conseguiram tal vinho?

- De lugar nenhum. Um homem, conhecido como místico, chamado Jesus, participou das bodas e, ao acabar o vinho, quase ao final da festa, transformou a água de seis talhas em vinho, delicioso como ele só.

- Você viu?

- Por certo. Estava lá. Mandou encherem seis talhas, dessas de ablução, com capacidade de três metretas cada uma, fixou seu olhar profundo nos recipientes e mandou levar o vinho ao mestre-sala para provar.

- E o mestre-sala?

- O mestre-sala arregalou os olhos, levantou a mão direita com entusiasmo e bradou: "Excelente! Excelente!" O homem não se conteve. Chamou o noivo e disse: "Toda gente serve primeiro o vinho bom e, depois que os convidados beberam bastante, apresenta o que é inferior; tu, porém, reservaste o vinho bom até agora".

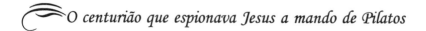 *O centurião que espionava Jesus a mando de Pilatos*

- Quem é este homem, que fez tamanha proeza?
- Um místico, espiritualista, mago, profeta, sabe Deus o quê.
- Vive aqui em Caná?
- Não. Que eu saiba, costuma andar pelas cidades em torno do Mar da Galiléia. Mas, vive aqui em Caná um dos seus seguidores. É um tal de Natanael, bom homem, israelita piedoso e honesto, freqüentador fiel da nossa sinagoga.

O centurião pagou a conta e saiu à procura de Natanael, mas soube que se encontrava em Cafarnaum.

Rumou para Cafarnaum.

"Nas minhas barbas e eu não o conhecia" - murmurou ele para seus botões.

3

O centurião espiona Jesus

Em Cafarnaum, Cornelius sentiu-se em casa. Conhecia muito bem a bela e pacata cidade pesqueira, situada a noroeste do Lago de Genezaré, próxima de Betsaida, não longe de Corozaim e a cerca de 15 quilômetros de Tiberíades. Cornelius gostava do contraste entre a simplicidade da colônia de pescadores e o comércio movimentado pelas caravanas que usavam o caminho transversal da rota comercial Via Maris, que liga o Egito à Síria e ao Líbano e que passa por Cesaréia Marítima. Muitos peregrinos que demandam a Jerusalém, principalmente na época das festas da páscoa, dos tabernáculos e pentecostes, passam por Kfar Nachum, a alegre Cafarnaum.

Várias pessoas lhe falaram do Rabi da Galiléia. Soube que, nesse dia, Jesus estava na sua casa, perto do lago de Genezaré, nos confins de Zabulon e Neftali. Vestiu traje normal, para não ser identificado, e se dirigiu à casa onde estaria o Rabi.

Foi fácil descobrir o paradeiro de Jesus, pois uma multidão se apinhava em torno da casa. Alguns seguidores cercavam o Mestre.

O centurião que espionava Jesus a mando de Pilatos

Discretamente instalado em local estratégico, Cornelius pôs-se a observar tudo que acontecia. Sua primeira imagem de Jesus foi contundente: um moço bem apessoado, de 1,78 de altura, porte majestoso, barbas densas, cabelos longos divididos ao meio, rosto nobre e de grande beleza, olhos mansos e perscrutadores ao mesmo tempo, ombros largos, mãos de dedos compridos como os de artista; às vezes sério, outras vezes sorridente, mas sempre atencioso e magnânimo. Chamou-lhe a atenção, de modo especial, seu carinho e bondade para com os enfermos. A ninguém deixava de dar uma palavra e de curar. Parecia que dele emanasse uma energia estranha, uma luz até certo ponto visível, que se irradiava de suas mãos. Bastava uma palavra, um gesto, uma imposição de mãos e os enfermos saíam felizes, dando glórias a Deus.

- Esse homem é diferente – pensou Cornelius. - Parece um ser de outro planeta. Será um falsário? Que pretensões terá ele? Um subversivo? Ou um tipo inofensivo?

Olhando para as pessoas e descansando seus olhos serenos sobre o centurião, Jesus começou a falar:

- O reino de Deus está próximo. Mas não é reino deste mundo, não tem cores políticas, não visa conquistar terras e assentar tronos. Vim para salvar as ovelhas tresmalhadas. Eu não sou conquistador, sou o bom pastor. Conheço minhas ovelhas e minhas ovelhas me conhecem. Não tenho que dar contas a príncipes, reis e soberanos, mas ao meu Pai, que me enviou, e à Verdade. Um dia conhecereis a Verdade e a Verdade vos libertará.

- O que é a verdade? – indagou um escriba, da primeira fila.

Lauro Trevisan

- Eu sou a verdade, o caminho e a vida! – respondeu Jesus.

- Paranóia! – pensou o centurião.

- Quem é seu pai? – perguntou um dos presentes.

- Meu Pai, aquele que criou o mundo e me enviou, mas os homens não o conhecem porque a humanidade jaz nas trevas da ignorância.

- Sendo tu homem, te fazes Deus? Isto é blasfêmia, segundo a Lei! – questionou-o um doutor da lei, de largas vestes pomposas.

- Não está escrito na vossa Lei: <Disse eu: Vós sois deuses>? Ora, se a escritura chama deuses àqueles a quem foi dada a palavra de Deus – e a escritura não pode falhar – por que dizeis àquele que o Pai santificou e enviou ao mundo: "Blasfemas?" Porque eu vos disse que sou o filho de Deus? Se não faço as obras de meu Pai, não me deis crédito; mas, se as faço, e não quiserdes ter fé em mim, tende fé nas obras, para que vejais e conheçais que o Pai está em mim e eu no Pai.

Alguns dos presentes franziram a testa, demonstrando que nada entendiam.

- Não está bem da cabeça! – resmungou um fariseu exaltado.

Nisso, trouxeram-lhe um paralítico e ele o curou.

Em seguida, foram conduzidos a Jesus dois cegos, que exclamavam ansiosamente:

- Filho de Davi, tem piedade de nós!

Perguntou-lhes Jesus:

- Tendes fé que eu possa fazer isto?

- Sim, Senhor!

Pondo as mãos nos olhos deles, declarou:

- Faça-se convosco conforme a vossa fé!

O centurião que espionava Jesus a mando de Pilatos

No mesmo instante, os dois começaram a enxergar.

Nem bem haviam se retirado os cegos curados, apresentaram a Jesus um homem mudo e ele o curou.

Jesus libertou ainda algumas pessoas deprimidas, cancerosas e portadoras de variadas enfermidades.

As turbas, que se aglomeravam em torno da casa, estavam deslumbradas e o comentário era geral: "Nunca se viu coisa assim em Israel".

Alguns se aventuravam a conjeturar: "Não será esse o Messias, que há de vir?".

Outros discutiam entre si, empolgados: "Por certo, este pode ser o filho de Davi!"

Os saduceus e herodianos, no entanto, aí estavam com espírito contestatório e tentaram dissipar o entusiasmo do povo, dizendo:

- É por meio de belzebul que ele opera curas e expulsa demônios.

Jesus dominou a multidão com seu olhar e pôs-se a falar, apontando para os saduceus:

- Há os que pensam, na dureza do seu coração, que é pelo chefe dos demônios, ou pelo ridículo belzebul, que expulso demônios. Nada mais simplório e desinteligente do que raciocinar assim, pois todo reino que briga entre si, se destrói. Não sou endemoninhado; se o fosse, não estaria curando em nome de Deus.

Olhando para o centurião, prosseguiu:

- Muitos pensarão que sou louco, mas um louco não sabe a Verdade e sua luz está apagada; nem sou subversivo, como alguém aqui poderá estar imaginando. Digo-vos: <Dai a César o

que é de César e a Deus o que é de Deus>.

Acenando para o povo, ensinou:

- O mal jamais poderá produzir o bem. Nenhuma árvore má produzirá frutos bons e nenhuma árvore boa produzirá frutos maus. É pelos frutos que se conhece a árvore. Cada árvore produz apenas o fruto que lhe é peculiar.

Tomando um belo e arroxeado figo na mão, mostrou-o ao povo:

- Não se colhem figos de abrolhos.

Mostrando um cacho de uvas, continuou:

- E nem se vindimam uvas de espinheiros. Toda árvore boa produz bons frutos e toda árvore má produz maus frutos.

Colocando as mãos no peito, proclamou:

- Eu e o Pai somos um. Quem vê a mim, vê ao Pai. Vim para trazer a Luz.

A gente simples, as crianças e os curados elevaram alegres aplausos.

Olhando para o Alto, Jesus murmurou:

-Glorifico-te, Pai, Senhor do céu e da terra, porque ocultaste estas coisas aos doutos e entendidos e as revelaste aos pequeninos!

Erguendo os braços, em atitude de amor e compaixão, concluiu:

- Vinde a mim todos os que andais aflitos e sobrecarregados e eu vos aliviarei!

Jesus então se retirou para o interior da casa.

Cornélius deixou o local e se dirigiu ao seu destacamento militar.

A caminho, não conseguia esquecer as palavras daquele homem. Era impressionante. Havia nele algo de estranho. Às

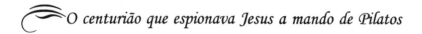*O centurião que espionava Jesus a mando de Pilatos*

vezes, entendia o que ele falava, outras vezes lhe pareciam conceitos intraduzíveis, distantes da sua compreensão. Percebeu que Jesus se referia a ele no momento em que falava de subversão e da relação com César.

O centurião sentiu, desde já, incontido desejo de novo encontro com o Rabi da Galiléia, como muitos o chamavam.

Lauro Trevisan

4

Primeiro encontro de Jesus com Maria Magdalena

Era pela manhã. O sol, radiante de luz, refletia-se no Lago de Genezaré. Um suave som de harpa sussurrava nas mansas ondas, que fluíam e refluíam sobre a praia, e chegava ao coração de uma jovem mulher, de encantadora beleza, mas profundamente caída em sofrimento interior. Seus lindos cabelos doirados desciam, em cascata, até os ombros, evolando perfume de nardo indiano. Sentada na praia, pouco se lhe dava que seu rico e belo vestido entrasse em contato com as areias. O desânimo era total, a tristeza insuportável, a raiva a consumia como fogo devorador, a decepção apagava a luz dos olhos, o rosto, um tanto arroxeado, mostrava marcas de violência e o desespero a apertava com seus grilhões pesados, levando-a a olhar para o Lago como solução para sua desgraça insuportável.

De repente, viu uma sombra emoldurar seu corpo. Levantou os olhos. Aí estava, diante dela, um homem fascinante, alto, cabelos longos, rosto cheio de vida, emoldurado por uma densa

O centurião que espionava Jesus a mando de Pilatos

barba de tamanho médio. Uma bela túnica branca configurava a elegante proporção do seu corpo. Era Jesus. Sorriu para ela o sorriso da compaixão.

- Quem és tu? – perguntou a bela mulher, sem interesse.

- Alguém que viu o teu sofrimento e teve compaixão de ti.

- Como tu, sendo homem, tens coragem de se aproximar de uma mulher? Se és daqui da região, sabes quem sou e o que dizem de mim.

- Sei quem és e o que dizem de ti.

- Quem sou? – perguntou ela, curiosa.

- És uma jovem e linda mulher, de bom coração, filha de Deus, infeliz porque frustrada no amor.

A moça desabafou:

- Sim, sou infeliz, muito infeliz. Meu coração está em pedaços. Parece que sete demônios me atormentam e sinto terrível opressão interior. Minha vida é um vazio sem sentido. Mas, por que te importas comigo?

- Porque me chamaste, Maria – revelou ele.

- Eu te chamei?! Como sabes o meu nome?! Recebo muitos homens na minha casa, mas nunca te vi lá.

Jesus respondeu-lhe, com doçura:

- Teu coração sofrido me chamou. Se queres, posso libertar-te de todos os males que te atormentam e teu coração se inundará de amor. Queres?

- Se quero, meu senhor? É tudo que quero. Ainda há pouco, o homem que eu amava bateu em mim, chamou-me de imunda prostituta miserável, empurrou-me para trás e saiu batendo a porta. Não sou imunda, nem ignorante, nem miserável, nem preciso dessa vida. Faço-a porque muitos homens me procuram e a muitos tenho ajudado a superarem a solidão. Meu ritual não é meramente físico; primeiro, elevo a mente e ilumino o coração dos infelizes, depois deixo-os contentes fisicamente. É um ritual que vem de tempos imemoriais. Mas, hoje estou abatida demais com o que me aconteceu! Sou humana e não uma casca qualquer, que pode ser jogada fora, depois que a fruta é consumida.

- Vem comigo - convidou-a Jesus.

Maria levantou-se, apoiada na mão de Jesus, e ambos seguiram até o alto de um monte.

Quando as pessoas viram o Rabi caminhando para o alto, começaram a correr ao seu encontro, ansiosas por ouvir a sua palavra. Alguns, doentes, vinham mais atrás, caminhando com dificuldade, ou sendo conduzidos em macas.

Maria estava encantada com o entusiasmo da multidão.

No caminho, Jesus curou um homem esquálido, branco como cera, que sofria de câncer em estado adiantado.

Uma jovem, profundamente oprimida, aproximou-se de Maria e pediu:

- Moça, tu que acompanhas o Rabi, pede que me cure; não suporto essa dor interna que me sufoca e me tira a alegria de viver.

Maria tomou-se de compaixão pela jovem, pois sentira nela um pouco do seu próprio sofrimento.

- Senhor - disse ela a Jesus, humildemente - olhes por essa jovem assim como olhaste por mim.

Jesus impôs a mão na cabeça da jovem e disse-lhe:

- Débora, vai em paz, a tua fé te curou.

A jovem chorou de alegria e beijou Jesus, totalmente liberta.

O centurião que espionava Jesus a mando de Pilatos

Achegou-se a Maria e indagou, surpresa:

- Como é que ele sabia o meu nome?

- Por certo, será um profeta ou coisa parecida – respondeu Maria. – Vem comigo, vamos acompanhá-lo ao monte.

Sentando-se sobre uma pedra, o Rabi desfrutou a bela visão do Lago com as várias cidades ao redor; alguns pescadores atarefavam-se com suas redes, em busca do peixe de cada dia.

Depois de certo tempo dando atendimento à sua tropa, Cornelius resolveu buscar outro contato com Jesus. Soube que ele se dirigira a um monte próximo ao Lago, de onde se descortinava um panorama de rara beleza. Galopou até o cume do monte.

Jesus descansou o olhar sobre as águas do Mar da Galiléia e deixou seus olhos vagarem para além dos horizontes. Então, pousou seu coração no coração da humanidade e declarou:

"Bem-aventurados os pobres pelo espírito, porque deles é o reino dos céus.

Bem-aventurados os que choram, porque haverão de rir.

Bem-aventurados os calmos, porque possuirão a terra.

Bem-aventurados os que têm fome e sede de justiça, porque serão saciados.

Bem-aventurados os misericordiosos, porque alcançarão misericórdia.

Bem-aventurados os puros de coração, porque verão a Deus.

Bem-aventurados os pacificadores, porque serão chamados filhos de Deus.

Bem-aventurados os que sofrem perseguição por causa da justiça, porque deles é o reino dos céus."

Abençoando seus discípulos, disse:

Lauro Trevisan

- Vós sois o sal da terra e a luz do mundo. Assim brilhe a vossa luz diante dos homens para que vejam as vossas boas obras e glorifiquem vosso Pai celeste. O que quereis que os homens vos façam fazei-o também a eles. Se a vossa justiça não for maior que a dos escribas e fariseus, não entrareis no reino dos céus.

- E sobre a oração, amado Rabi, que dizeis a nós? - perguntou um discípulo de nome André, irmão de Simão Pedro.

Jesus colocou a mão no ombro de André e deitou amplo olhar carinhoso sobre seus discípulos e as pessoas mais próximas. Então, falou:

- Quando orardes, não procedais como os hipócritas, que gostam de se exibir nas sinagogas e nas esquinas das ruas a fim de serem vistos pela gente. Em verdade vos digo que já receberam sua recompensa, pois oraram para os homens e não para Deus. Tu, porém, quando orares, entra no teu secreto, fecha a porta e ora a teu Pai às ocultas; e teu Pai, que vê o que é oculto, te há de recompensar.

- Como deve ser a oração, amado Rabi? - tornou André.

Antes que Jesus respondesse, Felipe interferiu:

- Sim, Mestre, porque vejo muitas pessoas se dando a longas orações repetitivas, como se Javé fosse surdo ou devesse ser convencido até ao cansaço.

- Não faleis muito quando orais - tornou Jesus - como fazem os que cuidam ser atendidos por causa do muito palavreado. Assim é que deveis orar: "Pai nosso que estás no céu; santificado seja o teu nome; venha o teu reino; seja feita a tua vontade, assim na terra como no céu; o pão nosso de cada dia nos dá hoje; perdoa-nos as nossas dívidas, assim como nós perdoamos aos nossos devedores; e não nos deixes cair na tentação; mas livra-nos do

O centurião que espionava Jesus a mando de Pilatos

mal".

Jesus levantou os olhos para os seus e explicou:

- O Pai sabe do que haveis mister, porém espera que o desejo brote do coração de cada um. O pedido sempre antecede ao atendimento. A palavra do filho terá sempre a resposta do Pai.

- Estou compreendendo - manifestou-se a bela, elegante e sensual Maria Magdalena, passando as mãos nos seus longos cabelos doirados, caídos em cascata sobre o ombro. - Se Deus agisse à revelia dos desejos da pessoa, estaria rompendo o dom da liberdade que concedeu à criatura humana e, ao mesmo tempo, estaria tirando o mérito das atitudes do indivíduo.

Joana, esposa de Cuza, administrador de Herodes Antipas, seguidora fiel de Jesus, refletiu:

- Significa que Deus, que sabe o que necessito e quero, age em mim através de mim?

Jesus tomou a palavra e pontificou:

- Tudo que pedirdes ao Pai, em estado de oração, crendo que haveis de receber, assim será para vós.

- Tudo?! - exclamou Tomé, incrédulo.

- Tudo! - confirmou Jesus. - O que é impossível aos homens, é possível a Deus.

Os presentes silenciaram diante de tão fantástica revelação.

Jesus mandou dar de comer à multidão e se retirou.

Cornelius afastou-se um pouco, procurando um lugar agradável no sopé do morro e sentou-se para se entregar à meditação. Espraiou o olhar sobre o mar, onde o sol refletia sua luz intensa, como se fora um lençol de ouro fulgurante. À beira, alinhavam-se as casas, como pombais brancos. Na praia, algum movimento de barcos chegando e saindo.

Voltando a mente para seu íntimo, começou a analisar o que ouvira: <Bem-aventurados os pobres pelo espírito>. Ainda bem que ele não glorificou a pobreza, pois como poderiam ser bem-aventurados aqueles pobres que são ladrões, assassinos, estupradores, violentos, exploradores. Pobre de espírito é espírito desapegado, límpido, leve, despojado, seja na pobreza ou em meio à riqueza. De mais a mais, se condenasse a riqueza, estaria condenando seu Pai, que, como disse, criou o mundo e todas as coisas; se abençoasse apenas a pobreza material, estaria criando privilégio de classe. Ora, o desapego do pobre, quando forçado pela situação, não tem o mérito da escolha, ao passo que estar desapegado em meio à riqueza é estado de ser, vivência livre; vale mais.

Nisto, Cornelius ouviu animada conversa. Eram Maria Magdalena e Débora, que desciam à cidade. Comentavam, fascinadas, o sermão das bem-aventuranças.

- Estão encantadas como eu! – pensou.

Quando as mulheres desapareceram na curva do caminho pedregoso, voltou às suas considerações.

Súbito, viu dois discípulos descendo o monte. Ambos eram conhecidos pescadores.

Cornelius abordou-os:

- Eu vos conheço. Já comprei bons peixes da vossa banca, a banca do velho Zebedeu. Estou meditando sobre as bem-aventuranças, que considero a base da mensagem do Rabi.

Tiago, filho de Zebedeu, pescador bem-sucedido de Betsaida, falou com entusiasmo:

- Realmente, a sabedoria do Rabi é fora de qualquer comparação. Nem João Batista se assemelha a ele. Há tempos o acom-

O centurião que espionava Jesus a mando de Pilatos

panhamos e já aprendemos tanta coisa que jamais nos teria passado pela cabeça.

- As bem-aventuranças – acrescentou seu irmão, de nome João – são, na verdade, o mais elevado padrão de vida.

Cornelius comentou:

- Detia-me na bem-aventurança dos pobres pelo espírito e buscava apanhar o conteúdo do ensinamento. Compreendi que não combatia a riqueza e nem fazia apologia da pobreza material.

Tiago sentou-se numa pedra e manifestou o que pensava:

- Entendo que o Rabi quis dizer que cada um deve escolher o tamanho do seu mundo material, mas há que manter a mente e o coração livres. A mente e o coração devem guardar outros tesouros, aqueles que a traça não corrói e a ferrugem não carcome, como falou ele em outra ocasião.

João emendou:

- É bom lembrar que pobre é uma palavra que também significa, na nossa língua, humilde, manso, simples.

Tiago filosofou:

- Com certeza, não está condenando a riqueza, pois se assim fosse, estaria criticando Javé, que criou todas as riquezas do mundo.

João olhou para Tiago e lembrou-o:

- Temos de ir buscar alimentos para o grupo.

Ambos pediram desculpas ao centurião, se despediram e rumaram para Cafarnaum.

No caminho, Tiago comentou:

- Esse aí é o centurião de Cafarnaum.

- Não será espião de Herodes Antipas? – preocupou-se o jovem.

30

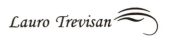

– Só Deus sabe – encerrou o assunto Tiago.

O centurião permaneceu ainda algum tempo sentado, tentando extrair o significado das bem-aventuranças proclamadas pelo Rabi. Buscou na memória mais uma: <Bem-aventurados os que choram, porque haverão de rir>. Sabedoria antiga: não há mal que sempre dure; depois da tempestade, sempre vem a bonança. Jamais perder a esperança nos momentos difíceis; para cada lágrima de sofrimento, fica o direito a uma lágrima de alegria. Bela mensagem! E a seguinte? Ah, sim: <Bem-aventurados os calmos, porque eles possuirão a terra>. Bem que eu tinha aprendido com os sábios gregos que a calma facilita o raciocínio, amplia as dimensões mentais e, conseqüentemente, gera melhores condições para decisões e negócios bem-sucedidos. Caminho da riqueza: possuirão a terra.

A outra, a outra – pensou ele – ah, agora lembro: <Bem-aventurados os que têm fome e sede de justiça>. Justiça. De que lado da balança fica a justiça? E na relação entre conquistadores e conquistados, como conciliar a justiça? O que é a justiça? Até as páginas da bíblia estão repletas de guerras e assassinatos. Haverá uma justiça para o carrasco e outra para a vítima? Enfim, o que é justiça? Será a mesma para romanos, judeus, sumos sacerdotes, fiéis, homens, mulheres? Mas, na verdade, essa é uma bem-aventurança que deverá ser apreendida pela humanidade.<Bem-aventurados os puros de coração>. Suponho que coração puro seja, por certo, aquele que se mantém despoluído de ódios, mágoas, desamor; é o coração sem sadismo, masoquismo, soberba, medos, dobrezas, vícios; enfim, deve ser o que se envolve de bons sentimentos, de compaixão, bondade e generosidade. Coração puro é iluminado e sua luz alcança o infinito. Estou certo? E a

O centurião que espionava Jesus a mando de Pilatos

<bem-aventurança dos pacificadores>? Bateu de frente contra nossos costumes belicosos. Nossos estrategistas dizem: "Si vis pacem, pára bellum"; se queres a paz, prepara a guerra. Nós, os romanos, fazemos a guerra de conquista e depois impomos a paz, mas a paz dos nossos interesses não será, por certo, a paz dos vencidos. Como fica?

Cornelius seguiu, a trote lento, rumo ao centro de Cafarnaum, em profunda meditação. Queria vislumbrar o núcleo central da filosofia de vida enunciada pelo Rabi. Sem dúvida, não era inteiramente a mesma linha do que se pregava nas sinagogas, embora alguma parecença. Mas percebeu que se tratava de um ser da mais alta evolução espiritual e de grande sabedoria.

Dirigiu-se à sua centúria, passou em revista a tropa e seguiu para sua residência.

Naquela noite, teve dificuldade de conciliar o sono. A cena do monte, a multidão em busca de cura, os discípulos ansiosos por ouvir sua palavra, enfim um fenômeno estranho nesses tempos difíceis. Diante do descontentamento geral, criado pela dominação romana, a serenidade de um mestre, um profeta, alguém ainda por ser definido e avaliado.

Após a refeição matinal, feita de pão e peixe assado, Jesus desceu até a margem do Lago. O povo o seguiu. Passou por dois barcos atracados, pertencentes ao velho Zebedeu. Seus filhos Tiago e João, ao verem Jesus, o seguiram.

Simão, de sobrenome Pedro, também lavava as redes ao lado do seu barco. Seu irmão André o ajudava. Estavam cansados da noite frustrada, em que nada apanharam.

O Mestre contemplou a multidão ao seu redor e, para

Lauro Trevisan

facilitar a comunicação, entrou no barco de Simão e pediu que o afastasse um pouco da barranca. Sentou-se e falou ao povo sobre a boa e alegre nova do reino dos céus, explicando que estava nascendo um novo mundo de amor, de paz, de justiça e de fraternidade.

Maria e Débora estavam sentadas, diante do Rabi, na barranca. Joana tomou lugar ao lado das duas. Bebiam palavra por palavra, encantadas como nunca. O Rabi ensinava que o amor é a essência da vida; que a nova humanidade do seu reino viverá num mundo de amor e comunhão; insistia na novidade de que o reino dos céus está dentro do ser humano; comentava as bem-aventuranças, falando em desapego interior para que a felicidade seja a luz do coração; recomendava que não se deixassem corromper pelos tesouros materiais, mas que dessem primazia aos tesouros espirituais, que a traça não corrói e a ferrugem não carcome; chamava a si todas as pessoas de boa vontade, ainda que estivessem aprisionadas pelos grilhões da injustiça, da dor, da cegueira interna e da escravidão física e mental.

O povo pendia de seus lábios. Maria, Débora e Joana não tiravam os olhos do Rabi. No final, estavam dispostas a seguir Jesus, pois esse era o mundo dos seus sonhos.

Quando Jesus concluiu sua fala, disse a Simão:

- Faze-te ao largo e lança as redes para a pesca.

- Rabi - exclamou Simão - trabalhamos a noite toda e nada conseguimos. Mas, sob tua palavra, lançarei as redes.

Apanharam tão grande quantidade de peixes que as redes estavam para se romper. Fizeram sinal aos companheiros do outro barco para que viessem ajudá-los. Acudiram eles e superlotaram os dois barcos a ponto de quase irem a pique.

 *O centurião que espionava Jesus a mando de Pilatos*

Pedro lançou-se aos pés de Jesus e bradou impulsivamente:
- Retira-te de mim, Rabi, porque sou um pecador!
Todos estavam impressionados diante de tamanha pescaria, justo no dia em que o mar não estava para peixe.
Tiago e João ficaram boquiabertos.
Jesus sorriu e disse a Simão:
- Não temas! Daqui por diante serás pescador de homens.
Todos olhavam para Jesus, pasmados como nunca.
O Mestre acenou-lhes:
- Venham!
Deixaram eles a tarefa de recolher e vender os peixes para o velho Zebedeu e os servos; e acompanharam Jesus, ouvindo com alegria a mensagem sobre o nascimento de um mundo mais feliz e mais amoroso.

Lauro Trevisan

5

O centurião no banquete a Jesus em casa de Simão, o leproso

Jesus pediu para Simão Pedro tomar o barco e levá-lo a Magdala.

Nesta cidade, vendo muitas pessoas que o seguiam, Jesus passou a falar-lhes do seu reino. Curou vários enfermos. A multidão estava admirada e acreditava que Deus tinha mandado um grande profeta para seu povo.

Maria, ao tomar conhecimento de que Jesus iria participar de um banquete oferecido por Simão, o leproso, em Magdala, teve uma idéia, ditada por seu coração. À noite, quando estavam todos à mesa, chegou ao palacete de Simão, deu uma gorjeta aos servos e entrou, de repente, na sala da ceia, com um vaso de alabastro cheio de ungüento de nardo genuíno, de grande valor. Antes que Simão se desse conta, abriu o vaso de alabastro e derramou o precioso perfume sobre a cabeça e os pés do Rabi, que estava reclinado no triclínio, com os pés para fora, o que facilitou o amoroso gesto da moça. Beijou o rosto de Jesus e,

35

O centurião que espionava Jesus a mando de Pilatos

entre lágrimas de amor e carinho, enxugou os pés com seus cabelos. O corpo de Jesus exalava uma aura de perfume mais forte que o próprio nardo e Maria sentiu uma felicidade incomensurável.

Um dos discípulos, Judas, de Cariot, o caixa do grupo, recriminou esse gesto, reclamando:

- Para que este desperdício de ungüento? Poder-se-ia vender o perfume por mais de 300 denários e dá-los aos pobres. Trezentos denários! – resmungava Judas. – O equivalente ao valor de trezentos dias de trabalho braçal!

Jesus defendeu a moça:

- Deixai-a! Por que a molestais? Praticou uma obra boa para comigo. Pobres sempre os tereis convosco e podeis fazer-lhes bem quando quiserdes; a mim, porém, nem sempre me tereis. Fez o que dizia seu coração: ungiu meu corpo de antemão para a sepultura.

Olhou para Maria, com ternura, e falou a todos os comensais algo que a moça jamais esquecerá:

- Em verdade vos digo: onde quer que seja pregada a boa nova, no mundo inteiro, será mencionado também em sua memória o que fez.

Simão, o anfitrião, estava decepcionado com o Rabi, pensando consigo mesmo:

- Se fosse realmente um profeta, saberia que espécie de mulher o toca, uma prostituta, e, com certeza, a rechaçaria.

Enquanto Maria permanecia abraçada aos pés do Rabi, beijando-os, entre lágrimas de prazer, Jesus, que sabia dos pensamentos de Simão, falou-lhe:

- Simão, tenho a dizer-te uma coisa.

- Fala, Rabi! – acedeu, de imediato, o anfitrião.

Lauro Trevisan

Jesus, então, contou-lhe esta história:

- Certo credor tinha dois devedores. Um lhe devia quinhentos denários, o outro cinqüenta. Mas, não tendo eles com que pagar, perdoou-lhes a dívida. Quem deles terá maior amor?

Respondeu Simão:

- Julgo que seja aquele a quem mais perdoou.

- Julgaste bem – tornou Jesus. – Vês esta mulher? Entrei na tua casa e não me deste água para as abluções; ela, porém, banhou-me o rosto e os pés com suas lágrimas e enxugou-os com seus cabelos. Não me deste o beijo de boas vindas; ela, no entanto, não cessou de beijar-me desde que chegou. Não me ungiste a cabeça com óleo, como é tradição; ela, porém, ungiu-me a cabeça e os pés com ungüento de rara preciosidade. Pelo que te digo, Simão, que lhe são perdoados os seus muitos pecados, porque muito amou; ao passo que a quem menos é perdoado, pouco ama.

Jesus, então, voltou-se para Maria e declarou-lhe:

- Os teus pecados te são perdoados.

Maria sentiu, nesse instante, uma luz de felicidade indescritível inundando todo seu ser. O peso das acusações dos que a condenavam e o desprezo, que muitos lançavam contra ela, sumiram como num passe de mágica.

Mas, alguns escribas fariseus se escandalizaram, porque ele perdoou os pecados de Maria, já que só Deus pode perdoar pecados, segundo a religião.

Jesus pouco se importou com a opinião dos críticos. Tomou a moça pela mão, levantou-a, e disse-lhe, com serena bondade:

- A tua fé te salvou, vai-te em paz.

Após o banquete, Jesus e os discípulos foram aos barcos e

O centurião que espionava Jesus a mando de Pilatos

içaram velas em demanda de Cafarnaum.

Cornelius, muito conhecido em Magdala, onde mantinha alguns soldados, também fora um dos convidados de Simão. Estava atônito com a ousadia da prostituta, tão criticada por uns e tão desejada por outros. Esperava conversar com ela na primeira oportunidade.

Em Cafarnaum, Jesus retirou-se para sua casa, em Zabulon, onde acolheu alguns dos discípulos e com os quais conversou no dia seguinte, levando-os a compreender outras dimensões do seu reino.

Mateus, coletor de impostos, homem desprestigiado por sua odiosa função, tinha recebido convite de Jesus para segui-lo. Ele, que estava descontente com essa vida, aceitou de imediato a proposta. Passou a acompanhar o Rabi sempre que podia.

Maria de Magdala, Débora, Suzana, Maria, mulher de Cléofas, Joana, e outras mulheres, começaram a fazer parte do grupo do Rabi. Nessa manhã, se encarregaram da alimentação matinal de todos os que se encontravam na casa. Era uma comunidade amorosa e feliz.

Os doutores da lei, ao verem Jesus com publicanos e meretrizes, tinham na ponta da língua ferinas críticas sarcásticas:

- Vejam só em que companhia ele anda!

Jesus ensinava seus seguidores a estarem acima dos escárnios e das ofensas:

- Não pagueis o mal com o mal; são pedras que caem sobre quem as atira; quem com ferro fere, com ferro será ferido, como diziam os antigos; ouvistes o que foi dito: amarás o teu próximo e odiarás o teu inimigo; eu, porém, vos digo: amai vossos inimigos e orai pelos que vos perseguem, assim vos mostrareis filhos do vosso Pai que está nos céus, que faz raiar o seu sol sobre bons e maus e chover sobre justos e injustos. Lembrai-vos de que todo bem retorna multiplicado.

- Fala-nos sobre a cura das enfermidades – pediu Felipe.

Jesus explicou-lhe por comparação:

- O teu olho é a lâmpada do teu corpo; se o teu olho é sadio, simples e puro, todo teu corpo estará na luz e saudável; mas se o teu olho é doente e estiver em trevas, todo teu corpo estará em trevas e enfermo. Se, pois, a luz que está em ti é trevas, quão grandes serão essas trevas.

Felipe voltou a interrogar:

- O que é o olho, nesse caso? Suponho que não estejas te referindo aos olhos, pois falaste no singular.

- Penso que entendi – tomou a palavra Maria Magdalena. – Olho, como ensinavam os antigos, é o olho da mente, o olho interior. Se a mente estiver saudável, límpida, pura, feliz, todo o corpo estará saudável, porque a mente é a lâmpada do corpo. Pela mente se vê o corpo. Mas, se a mente, sede dos pensamentos e sentimentos, estiver em trevas, nas trevas da tristeza, da opressão, do desânimo, do ódio, da violência, da prepotência, da soberba, da injustiça, o corpo também estará em trevas; e um corpo sem luz é um corpo doente.

Depois desse entretenimento, Jesus veio a Cafarnaum. Auxiliado pelos discípulos e discípulas, atendeu inúmeras pessoas e curou-lhes as enfermidades.

Lá pelas tantas, chegou Mateus, sorridente e transformado. Aproximou-se do Rabi e convidou-o, assim como aos seus amigos e amigas, para uma ceia em sua casa, pois queria comemorar sua nova vida.

O centurião que espionava Jesus a mando de Pilatos

6

O *centurião no jantar oferecido a Jesus por Mateus*

Cornélius soube que Jesus tinha sido convidado por Mateus, um dos coletores de impostos, para um banquete em sua casa. Ficou admirado, pois os coletores são malvistos, por arrancarem dinheiro dos cidadãos, através da cobrança de impostos, nem sempre de forma honesta, e entregarem a Herodes que, por sua vez, repassa para Roma uma percentagem estabelecida, situação esta odiada pelo povo.

Entrou em contato com Mateus, seu conhecido. O coletor confirmou e sentiu-se na obrigação de estender-lhe também convite.

A noite estava agradável. Mateus preparou um belo banquete, regado a vinho do Monte Carmelo. Havia, na festa, alguns discípulos mais próximos de Jesus.

Cornelius ficou conhecendo de perto os irmãos Tiago e João, bem-sucedidos pescadores de Betsaida. Saudou também Natanael, de Caná; Felipe, de Betsaida; Simão e seu irmão André,

Lauro Trevisan

pescadores de Cafarnaum; Judas Iscariotes, o homem da bolsa; Bartolomeu, Tomé; e outros. Faziam parte dos convidados especiais algumas mulheres, como Maria Magdalena, Débora, Suzana, Joana, e outras. O coletor convidou, ainda, vários colegas de ofício e pessoas de suas relações, assim como também alguns escribas do partido dos fariseus.

Ao irem à mesa, Mateus pediu a Jesus que fizesse a oração de praxe, ao partir o pão.

Mateus pediu silêncio.

Jesus elevou os olhos ao céu e orou:

- Graças te dou, meu Pai, por colocares junto de mim essas pessoas queridas!

Graças, Pai santo adorável, porque puseste luz no coração de Mateus e ele será pregoeiro incansável do teu reino e meu reino!

Abençoa, Pai amoroso, esta ceia, este momento de fraternidade e prazer, e faze com que o amor seja a luz que ilumina o coração de todos, nessa festa. Amém!

- Amém! Aleluia!– aclamaram as discípulas e os discípulos.

Os escribas fariseus juntaram-se num canto da mesa e, vendo aquela confusão de gente de pouca reputação, demonstraram, aos cochichos, entre si, bastante desagrado.

Um deles, Efraim, chegou-se a Simão Pedro, que lhe parecia o chefe, e o questionou:

- Por que é que ele come e bebe em companhia de publicanos e pecadoras?

Jesus ouviu a reclamação e ponderou para todos:

- Não necessitam de médico os que estão com saúde, mas sim os doentes. Eu não vim para chamar os justos, mas os pecado-

O centurião que espionava Jesus a mando de Pilatos

res. Quem for inocente, levante a voz. Mas, vos digo: não julgueis e não sereis julgados, porque com a medida com que medirdes, sereis medidos. Há pessoas que agem como sepulcros caiados: brancos por fora, embolorados por dentro. Não vim para condenar e sim para salvar.

Eleazar, escriba de índole puritana, murmurou para o colega escandalizado:

- Veja só, ainda quer justificar essa promiscuidade!

Jesus olhou para os dois e ressaltou:

- Em verdade, vos digo que publicanos, meretrizes, coletores e pecadores entrarão no reino dos céus antes daqueles que se julgam justos e cumpridores das Leis. Se um pastor tem cem ovelhas e uma delas se perder, não deixará ele as noventa e nove e irá à procura da extraviada até encontrá-la? E, tendo encontrado, não chamará os amigos para partilharem da alegria? Assim é o reino dos céus.

Olhando serenamente para os presentes, prosseguiu:

- Certa vez, uma mulher perdeu uma dracma e então deixou seus afazeres e dedicou-se de corpo e alma à procura da moeda perdida, até encontrá-la. Quando finalmente a achou, foi até às amigas e comemorou com elas seu feito. Quem tiver ouvidos para ouvir, ouça. Aqui, nesta casa, alguém encontrou a luz. Não a coloquemos debaixo da mesa e sim no alto, para que brilhe.

Mateus, sentindo-se emocionado com a referência do Mestre, tomou na mão a taça de vinho, levantou-se e ergueu um brinde ao Rabi:

- Meus amigos - proclamou ele, com inusitada alegria - hoje entrou a salvação nessa casa. Eu encontrei o caminho da vida. Estou muito feliz. Foi por isso que preparei esse banquete para o meu amado Rabi e meus amigos; alguns até já pensam como eu. Aí está o centurião Cornelius, nobre vigilante romano, e digo-lhe que fechei as portas da minha coletoria, porque outra missão mais alta me invadiu o coração. Outros poderão tomar o meu lugar, mas fui convidado pelo Rabi, assim como alguns que aqui estão, e seguirei com ele.

Levantando solenemente a voz, bradou:

- Viva o Rabi da Galiléia, aquele que veio construir um novo reino, em nome de Deus!

A alegria correu solta. Havia no ar o alvorecer de um mundo novo e todos estavam entusiasmados, exceto alguns escribas. No meio da festa, Maria Magdalena, a linda e deslumbrante mulher, achegou-se a Jesus e sussurrou:

- Está aí fora um leproso que pede que o cure, pelo amor de Deus.

Jesus levantou-se, foi à porta e ouviu a voz clamante do doente:

- Senhor, desculpes o atrevimento, mas sofro muito e sou relegado da sociedade, por isso te procurei na calada da noite. Se tu queres, podes tornar-me limpo da lepra.

Compadecido, Jesus estendeu a mão, tocou-o e disse:

- Quero, sê limpo!

Mal acabara de falar e já a lepra desaparecera e o homem estava limpo. Jogou-se aos pés do Mestre e não cansava de beijá-los.

Quando Jesus retornou à festa, ouviu-se um murmúrio de satisfação percorrer as gentes. E muitos se converteram, porque ele compartilhava com todos e não fazia acepção de pessoas.

Cornelius, que tinha seguido de perto Jesus quando este se

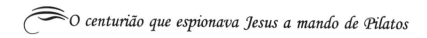
O centurião que espionava Jesus a mando de Pilatos

levantou para acompanhar Maria Magdalena, pôde presenciar a cura do leproso. Ao rever a linda mulher, abordou-a, admirado:
- Tu sempre acompanhas o Rabi?
- Sim, tornei-me discípula dele. Ele é fascinante!
Entraram e juntaram-se aos comensais.

Lauro Trevisan

7

Cornelius ouviu as parábolas contadas por Jesus

Jesus passou ainda algum tempo percorrendo as regiões ribeirinhas do mar, ensinando e curando. Traziam-lhe doentes em leitos ou amparados por familiares e ele os curava.

Ensinou a necessidade de viver em paz e com o coração cheio de alegria. Falava de um novo reino de príncipes e sacerdotes, sem súbditos, sem escravos, sem diferença de raça e cor, sem exploração; um reino de fraternidade e comunhão.

O povo não se cansava de ouvi-lo.

Na tarde do dia seguinte, Cornelius encontrou Jesus sentado na relva, cercado de muita gente, a contar histórias sobre o seu reino:

- O reino dos céus é semelhante a um tesouro oculto num campo. Um homem descobriu esse tesouro, escondeu-o e, cheio de alegria, vendeu tudo que possuía e comprou o campo.

Enquanto os ouvintes tentavam entender o significado da parábola, Jesus novamente atraiu a atenção geral:

- O reino dos céus é semelhante a um negociante que

45

procurava pérolas preciosas. Descobriu uma de grande valor, foi vender tudo que possuía e a comprou.

Antes que alguém o interrogasse, continuou:

- O reino dos céus é, ainda, semelhante a uma rede de pescar, que foi lançada ao mar e apanhou peixes de toda espécie. Quando cheia, os homens puxaram-na para a praia e, sentando-se, recolheram os bons em vasos e deitaram fora os ruins.

- Explica-nos mais sobre o reino dos céus! - pediu o jovem João.

Jesus percebeu a dificuldade que tinham as pessoas de compreenderem a mensagem oculta nas parábolas. Então, procurou se fazer entender através de mais histórias:

- O reino dos céus é semelhante a um homem que semeou a boa semente num campo. Mas, quando a gente dormia, veio seu inimigo e semeou joio no meio do trigo e foi-se embora. Quando, pois, cresceu o trigo e começou a espigar, apareceu também o joio. Chegaram então os servos ao dono da casa e lhe perguntaram: Senhor, não semeaste boa semente no campo? Donde vem, pois, o joio?

- Foi o inimigo que fez isto - respondeu o dono do campo.

- Quer que retiremos o joio? - tornaram os servos.

- Não - replicou ele - para evitar que colhendo o joio arranqueis com ele também o trigo. Deixai crescer um e outro até a colheita; e, no tempo da colheita, direi aos ceifadores: <Colhei primeiro o joio e atai-o em molhos para o queimar; o trigo, porém, recolhei-o no meu celeiro>.

Olhando para um exuberante pé de mostarda, Jesus propôs esta parábola:

- O reino dos céus é semelhante a um grão de mostarda

Lauro Trevisan

que um homem semeou no seu campo. É esta a mais pequenina dentre todas as sementes; mas, quando crescida, fica maior que as outras hortaliças, chegando a ser árvore, de maneira que as aves do céu vêm habitar nos seus ramos.

E Jesus completou suas histórias com mais esta parábola:

- O reino dos céus é semelhante a um fermento que uma mulher tomou e meteu em três medidas de farinha, até ficar tudo levedado.

Então, o Mestre calou-se sem dar explicações, lembrando certo profeta: "Abrirei meus lábios, propondo parábolas; revelarei o que estava oculto desde a criação do mundo".

Quando Jesus deixou as multidões, que se acotovelavam para ouvi-lo, encantando-se com suas histórias, mesmo sem as compreender em profundidade, Cornelius tomou à parte Maria Magdalena e, conhecedor da cultura e intuição dela, comentou:

- Duvido que o povo tenha entendido o significado das histórias contadas pelo Rabi. Até mesmo aqueles fariseus cultos e raivosos, que se infiltraram no meio do grupo, com certeza não entenderam coisa alguma.

- Talvez seja por isso mesmo que o Rabi tenha se expressado em parábolas – anuiu Maria. – Ele disse, certa vez, que, tendo olhos, não vêem; tendo ouvidos, não ouvem; porque estão endurecidos e mal-intencionados.

- E como tu imaginas o reino dos céus, de acordo com o simbolismo retirado das parábolas? Parece claro, antes de tudo, que não se trata de um reino material, político, terreno. Isso já me deixa mais confortável, como militar romano que sou, cioso no cumprimento das ordens superiores que me são impostas.

Maria Magdalena, bastante afeita à mensagem do Rabi,

O centurião que espionava Jesus a mando de Pilatos

respondeu:

- Entendo que as palavras do Rabi devam ser analisadas no todo, caso contrário podemos ver nelas contradições. Num momento, tem-se a impressão de que veio trazer desagregação, noutra ocasião dá a entender que seu reino é feito de amor e paz; às vezes, condena, outras vezes fala em perdão, misericórdia e compaixão. Meditando a fundo a mensagem do Rabi, sempre concluí que não há contradição nele, mas na mentalidade de quem o escuta.

Neste momento, Suzana aproximou-se dos dois e quis saber o que pensavam sobre as parábolas.

- Garanto que o ilustre centurião está preocupado que o reino dos céus de Jesus seja o território romano – brincou ela, já conhecendo a boa índole do militar.

Cornelius sorriu.

- Nosso assunto – falou Maria, pondo o braço no ombro da amiga – é sobre as parábolas que o Rabi acabou de contar.

- Bastante difíceis de interpretá-las, não te parece? – indagou Suzana.

Maria consentiu, mas tentou, assim mesmo, alcançar o conteúdo das parábolas:

- A meu ver, a primeira conclusão que trazem essas parábolas é de que o reino dos céus é algo cujo valor transcende a tudo o mais e pelo qual vale qualquer investimento. O Rabi comparou-o a uma pérola, um banquete, um tesouro, uma pequena semente que se torna árvore frondosa, ao fermento que faz crescer, à moeda de alto valor, à ovelha perdida e reencontrada, a uma rede cheia de peixes, à boa semente jogada no campo. Pérola, tesouro e moeda – quero crer que significam que o reino dos céus é valor

Lauro Trevisan

acima de qualquer outro valor material; banquete – indica que reino dos céus é festa, prazer, alegria, confraternizaçào; pequeno grão que cresce e torna-se a maior das hortaliças – significa que o reino dos céus pode iniciar pequeno na alma do homem, mas crescerá e se tornará pleno; fermento seria a força capaz de fazer crescer o ser humano interna e externamente; ovelha perdida e reencontrada: compaixão e amor; rede cheia de peixe – não vos parece que é a certeza de que a colheita será grandiosa e abundante? Em síntese, o reino dos céus, uma vez descoberto, deve ser conquistado, adquirido, comprado, a qualquer preço, que vale a pena e compensa.

– Mas, enfim, o que é o reino dos céus? – intrigou-se Suzana.

– Penso que seja a síntese e a soma de tudo o que Jesus falou nessas histórias – conjeturou Maria. – Como não se trata de reino material – para tranqüilidade do centurião – chego a pensar que é estado de alma feliz, prazeroso, produtivo, vivificante, afortunado, abundante, transcendente, bondoso, amoroso e compassivo.

– A fusão desses valores seria a grande alquimia da vida – sugeriu Cornelius.

Suzana estalou os dedos como quem descobre algo importante e colocou:

– Agora lembro que o Rabi disse, certa vez: "O reino dos céus está dentro de vós mesmos".

Simão aproximou-se dos três e avisou:

– O Mestre decidiu subir a Jerusalém.

– Vou acompanhar a comitiva – decidiu Cornelius. – Assim poderei prestar os primeiros depoimentos a Pilatos, quando chegar em Jerusalém.

O centurião que espionava Jesus a mando de Pilatos

8

O centurião interroga Jesus e vai a Pilatos

Cornelius voltou ao seu destacamento militar estimulado pela oportunidade de rever Jerusalém. Adorava a capital. A esfuziante vivacidade dos habitantes, a agitação incontida e curiosa dos peregrinos, o aparato dos rituais religiosos, a efervescência das ruas e o burburinho das tabernas e tendas, deixavam-no sempre aceso e delirante. Enquanto atendia seus compromissos de comandante da centúria, sua imaginação vagava por entre as majestosas e imponentes muralhas de Jerusalém, com seus portais grandiosos; visualizava o fantástico templo, a fumaça dos sacrifícios intermináveis, o vai-vem dos sacerdotes, sinedristas, fariseus, saduceus, elites, no meio da multidão devota.

- Jerusalém – dizia para si mesmo - monumento milenar de conquistas, glórias e sofrimentos. Embora chamada de Cidade da Paz, como o nome diz, muito sangue correra em suas veias. Sitiada mais de 50 vezes, conquistada 36 vezes por exércitos estrangeiros, destruída e reconstruída mais de 10 vezes, sempre ressurgindo das cinzas, como fênix, Jerusalém, cem anos debaixo das asas da nossa vitoriosa e altaneira águia romana!

Jesus tomou a estrada de Jerusalém, acompanhado por bom número de discípulos. Sem pressa, visitava povoados, anunciando a boa nova e curando enfermos.

Ao passar por Nazaré, deteve-se na sua terra.

Logo na entrada da cidade, algumas pessoas se reuniram em torno do Mestre. Muitos conheciam-no de outros tempos. Alguns o olhavam de soslaio e comentavam entre si: "Não é este o filho do carpinteiro?"

Então, alguém se aproximou do Mestre e observou:

- Tua mãe e teus irmãos desejam falar-te.

- Quem é minha mãe e quem são meus irmãos? – retornou Jesus.

Estendendo a mão para os discípulos e a gente que o circundava, disse:

- Eis minha mãe e meus irmãos. Minha missão transcende os limites da casa e da família. Vim para construir a família universal, uma nova humanidade, um novo reino, um mundo de amor e paz.

Um velho amigo de José e Maria, achegou-se a Jesus e aconselhou-o, penalizado:

- Por que não voltas para casa? Aqui é teu lugar!

- Devo dar satisfação ao Pai, que me enviou para anunciar a boa nova, pregar a liberdade aos cativos, dar aos cegos a luz dos olhos, levar os oprimidos à liberdade e para apregoar o ano salutar do Senhor – como profetizou Isaías.

O povo aplaudiu, mas o homem saiu compungido, abanando a cabeça, temeroso pela saúde mental do Nazareno.

Seus antigos vizinhos se retiraram, tachando-o de ingrato e insensível diante dos familiares.

O centurião que espionava Jesus a mando de Pilatos

Maria compreendeu as palavras do filho e sorriu. Já tinha ouvido algo semelhante quando Jesus fora encontrado no templo, aos doze anos de idade. Voltou para casa a fim de evitar acusações dos que não entediam a verdade por trás da realidade.

Em vista da incredulidade e da recepção hostil, Jesus ficou apenas mais um dia na cidade, quando falou na sinagoga que sua missão era cumprir a profecia de Isaías. Tomou então a estrada e seguiu para a Samaria.

No caminho, Cornelius se aproximou de Jesus e saudou-o:

- Sou Cornelius, centurião sediado em Cafarnaum.

- Já te vi ainda quando cavalgavas em minha direção e sei das tuas intenções.

- Como soubeste que eu vinha em tua direção se não podias ver-me?

- E sei que és homem reto, justo e procuras a verdade por ti mesmo. Um dia, teu nome será proclamado até os confins da terra.

- És muito generoso, Rabi. Se não te importas, quem és tu? Como te denominas?

- É um profeta! - exclamou Bartolomeu, um dos discípulos.

- É Elias! - comentou um seguidor de João Batista. - Ainda há pouco ele chamou para si as palavras do profeta.

- Mais do que isso! - prorrompeu Simão, o mais fervoroso dos seguidores - ele é o Messias, o ungido do Senhor!

- Ele veio para construir um grande reino! - acrescentou um dos acompanhantes, chamado Judas, de Cariot, tesoureiro do grupo.

A bela Maria de Magdala falou com destemor:

- Ele veio trazer o amor à terra, veio semear a paz e a

felicidade, veio ensinar que o reino dos céus está dentro de cada um.

Aproximando-se dos discípulos, acrescentou, com convicção:

- Este é o Cristo, o enviado de Deus, o possuidor do segredo.

Jesus descansou a mão no ombro de Cornelius e respondeu:

- Acompanha-me e terás por ti mesmo a resposta.

- Que tipo de reino pretendes? – insistiu o centurião, no intuito de colher informações para Pilatos.

- Meu reino está dentro. Os reinos exteriores são fadados a desaparecer. Meu reino perdurará até o fim dos tempos. O reino dos céus está dentro de cada um. Mas muitos não sabem. Vivem dispersos, perdidos, nas trevas. O mundo que vês é resultado da ignorância, que semeia violência, fome, crueldade, injustiças, desgraças e enfermidades. E o fruto é a morte. Vim para que todos tenham vida e vida em abundância.

Cornelius voltou à carga:

- Como é a vida que queres? És, porventura, contra Roma?

- Falo da vida que nasce da Vida e floresce na Vida.

Simão Pedro entrou na conversa e implorou:

- Mestre, expliques, por favor, essa Vida.

- Eu sou a Vida. Quem vem a mim não perecerá jamais.

- E o mundo que pregas? – voltou a indagar curiosamente o centurião.

- O amor. Aqui está a boa nova. Vós conquistais pela violência. Armais exércitos. Submeteis os povos. Eu quero o domínio do amor. O mundo não suporta o peso da submissão, mas se

O centurião que espionava Jesus a mando de Pilatos

deixa envolver pela luz do amor.

O centurião estava surpreso. Nunca ninguém dera tanta importância ao amor, a não ser na intimidade da casa. Fora, tem imperado a lei do mais forte, do dente por dente, assim é que a vida se comporta - raciocinou ele.

Quis mais uma explicação:

- Rabi, tua religião é baseada no amor e não no temor; Deus, para ti, não é soberano dominador, mas Pai; não existem inimigos no teu mundo, porque todos são irmãos; não há quem manda, pois dizes que quem manda seja servo, assim como tu dizes que não vieste para ser servido, mas para servir. Crês que teus seguidores, ao longo dos séculos, vão praticar esses ensinamentos?

- Se entenderem que este é o reino dos céus, seguirão – garantiu o Mestre.

O centurião aproveitou a disponibilidade paciente de Jesus e fez mais uma pergunta:

- Vejo que tens firmeza no teu projeto, ainda que pareça utopia. Pois bem, quais serão as leis que ditarás para o correto relacionamento humano no teu reino?

Brilharam os olhos de Jesus e ele sintetizou numa única frase:

- Não faças aos outros o que não queres que os outros façam a ti.

O centurião exclamou:

- Grande sabedoria!

Então, Maria Magdalena pediu:

- Amado Rabi, se não for importunar-te demais, por favor, fala-nos sobre o amor.

Lauro Trevisan

Jesus olhou para Maria com bondade e dirigiu-se a todos:

- A vida é amor. Quem estiver longe do amor, estará longe da vida, longe de Deus, longe de si mesmo, longe do próximo.

Ouvindo isto, Joseph, doutor da lei da cidade de Arimatéia, que havia se incorporado ao grupo, interrogou o Rabi:

- Que devo fazer para alcançar a Vida?

- Tu sabes que está escrito: "Amarás o Senhor, teu Deus, de todo teu coração, de toda tua alma, com todas tuas forças e de toda a tua mente; e a teu próximo como a ti mesmo". Aí está a Vida.

O centurião interveio:

- Tu mandas amar o Senhor, teu Deus. Nós, os romanos, temos muitos deuses. São invocados conforme nossas necessidades. Tibério é o meu deus vivo.

- E quando Tibério morrer, porque é mortal, encontrarás outro deus e assim sucessivamente. Falo do Deus de todos os deuses. Do Deus imortal. Eterno. Esse Deus é amor. Tu és amor, porque filho desse Deus. Assim como amas a ti mesmo, amarás o teu próximo, que não é teu amigo e nem teu inimigo: é teu irmão. Mais do que isso: é parte de ti. O que fazes a teu irmão é a ti que o fazes. Porque existe o uno e o todo, mas o uno não está separado do Todo.

- Se não for molestar-te, Rabi, explica melhor sobre o próximo – insistiu o doutor da lei.

Jesus contou:

- Descia um homem de Jerusalém a Jericó e caiu nas mãos dos salteadores, que o despojaram, cobriram-no de ferimentos e, deixando-o meio morto, foram embora. Casualmente, descia um sacerdote pelo mesmo caminho, viu-o – e passou para o outro

O centurião que espionava Jesus a mando de Pilatos

lado, esquivando-se. Igualmente, chegou ao lugar um levita, viu-o
- e passou de largo. Chegou perto dele também um samaritano,
que ia de viagem, viu-o, moveu-se de compaixão, aproximou-se,
deitou-lhe óleo e vinho nas chagas e ligou-as; em seguida, fê-lo
montar no seu jumento, conduziu-o a uma hospedaria e teve
cuidado dele. No dia seguinte, tirou dois denários e deu-os ao
hospedeiro, dizendo: "Por favor, cuida dele e o que gastares a
mais, pagar-te-ei na volta". Qual destes três se houve como próximo daquele que caíra nas mãos dos ladrões?

- Aquele que lhe fez misericórdia - respondeu o doutor.

- Vai e faze tu o mesmo - concluiu Jesus.

- Rabi - brincou o centurião - pegaste pesado contra os
detentores da religião, simbolizados pelo sacerdote e pelo levita.
Deste bondade e solidariedade a um samaritano, que é tido como
infiel, descumpridor da Lei de Moisés, raça à parte dos judeus,
que se consideram o povo eleito.

- Vejo que não és desconhecedor dos hábitos e costumes
do povo. Em verdade te digo: não é quem diz <Senhor, Senhor>,
que entrará no reino dos céus, mas quem põe em prática a palavra. Uma coisa é honrar com os lábios, outra coisa é guardar a
palavra no coração e praticá-la.

Nisto, achegou-se uma das mulheres que o acompanhavam e murmurou:

- Amado Rabi, é tempo de fazermos uma parada, se vos
parecer bem.

Depois do descanso, seguiram pela região da Samaria e,
por volta do meio-dia, a comitiva chegou a Sicar. Cornélius entrou na cidade em busca de alguma taberna para sua refeição.

Os discípulos também saíram atrás de alimentos.

9

No poço de Jacó com a samaritana

Jesus sentou-se junto ao poço, conhecido como poço de Jacó. Contemplou o belo vale entre os montes Garizim e Ebal e lembrou que, há mais de mil anos, Jacó aí se estabelecera com seus rebanhos, cavando aquele poço de trinta metros de profundidade e dois e meio de diâmetro. Nisto, apareceu uma bela e bronzeada samaritana para tirar água.

Jesus pediu-lhe:

- Dá-me de beber.

A jovem ficou surpresa:

- Como?! Tu, que és judeu, me pedes de beber a mim, que sou samaritana?

- Se conhecesses o dom de Deus e aquele que te diz: <Dá-me de beber> - respondeu-lhe Jesus - pedir-lhe-ias que te desse água viva.

- Senhor - replicou a linda e sensual moça, afastando um pouco o cântaro - não tens com que tirar água e o poço é fundo. Donde tiras tu essa água viva? És acaso maior que nosso pai Jacó, que nos deu esse poço, do qual bebeu ele mesmo e beberam seus

O centurião que espionava Jesus a mando de Pilatos

filhos e rebanhos?

Jesus sorriu para a moça e, apontando o poço, retornou:

- Quem bebe desta água tornará a ter sede; mas quem beber da água que eu lhe darei, não mais terá sede eternamente. A água que eu lhe darei se tornará nele uma fonte que jorra para a vida perene.

A samaritana ficou encantada:

- Senhor, dá-me dessa água para que eu não tenha mais sede nem precise vir cá tirar água.

Disse-lhe Jesus:

- Vai, chama teu marido e volta cá.

- Não tenho marido – confessou a moça.

- Disseste bem que não tens marido – concordou Jesus. – Cinco maridos tiveste e o que agora tens não é teu marido. Nisto falaste a verdade.

A bela e sedutora samaritana não cabia em si de perplexidade:

- Senhor, vejo que és um profeta.

A moça tinha cultura e aproveitou para abordar um assunto muito polêmico: os judeus não apreciam os samaritanos, considerando-os um povo marginal, fora da lei, porque elevou um templo a Javé no monte Garizim, quando o judeu admite adorar a Javé somente no templo de Jerusalém. Esta autonomia religiosa, no entanto, lhes atrai a simpatia dos estrangeiros e dos governantes.

A moça sentou na borda do poço, demonstrando estar interessada nas idéias do Rabi e considerou:

- Nossos pais adoraram a Deus sobre esse monte Garizim e vós dizeis que em Jerusalém é o lugar onde se deve adorar a Deus.

Lauro Trevisan

Jesus gostou da proposição e explicou:

- Acredita-me, senhora, virá a hora em que nem nesse monte nem em Jerusalém adorareis ao Pai. Vós adorais o que desconheceis; nós adoramos o que conhecemos. Mas chegará a hora, e já chegou – acentuou o Mestre – em que os verdadeiros adoradores adorarão ao Pai em espírito e verdade. Pois são esses os adoradores que o Pai aprecia. Deus é espírito e em espírito e verdade é que o devem adorar os que o adoram.

A samaritana estava gostando imensamente da conversa, tão diferente da prepotência judaica, e continuou:

- Sei que virá o Messias, que é chamado o Cristo; e, quando vier, anunciar-nos-á todas as coisas.

Jesus olhou-a nos olhos e arrematou:

- Sou eu, que estou falando contigo.

Cornelius chegou a tempo de escutar boa parte do diálogo. Guardou seus questionamentos para mais tarde, pois chegaram os discípulos e se admiraram de que Jesus estivesse falando com uma mulher e, pior ainda, com uma samaritana. Conversar a sós com uma mulher era incomum, uma espécie de rompimento dos costumes que discriminam a mulher. Além disso, dar importância a uma samaritana era algo desabonador à honra ortodoxa do povo judeu.

A encantadora samaritana deixou o cântaro ao pé do poço e correu à cidade para dizer à gente:

- Vinde e vede um homem que me disse tudo o que tenho feito! Não será ele o Cristo?

Os companheiros do Mestre apresentaram-lhe a comida, mas ele não se interessou, murmurando enigmaticamente:

- Eu tenho um manjar que vós não conheceis.

O centurião que espionava Jesus a mando de Pilatos

Depois de longa pausa, falou:

- Levantai os olhos e contemplai os campos: já estão lourejando para a colheita.

Cornelius sentou-se ao lado de Jesus e entabulou diálogo:

- Tu, às vezes, falas de forma enigmática. Quando disseste para erguer os olhos e contemplar os campos, que já amadurecem para a colheita, com certeza há nessa imagem algum significado especial, ou não? Penso que, em certos momentos, dizes o que tens a dizer, mas deixas a compreensão para mais adiante. Lembras-me a velha sabedoria: "Quando o discípulo está pronto, o mestre aparece".

- Tens senso perscrutador. Não estás longe do reino de Deus. Teu coração te induz à compreensão do espírito subjacente nas palavras, nas imagens e nas histórias que conto. Os campos lourejam, a messe é grande, a colheita se aproxima, quem irá ceifar? Há muitas ovelhas que não pertencem ao meu aprisco e é preciso buscá-las antes que morram à míngua. Quando as ovelhas ouvirem minha voz, haverá um só rebanho e um só pastor.

Cornélius silenciou, buscando significado para as palavras de Jesus.

Os samaritanos ficaram impressionados com o depoimento da conterrânea e foram ter com o Rabi da Galiléia, pedindo que ficasse algum tempo com eles.

Jesus permaneceu dois dias no meio daquele povo, anunciando a boa nova e realizando curas.

Cornelius, já afeito ao grupo, seguiu com a comitiva.

Ao chegarem em Efraim, Simão, Tadeu, Natanael e Judas Iscariotes saíram para prover os alimentos.

O centurião aproveitou para se aproximar do Rabi a fim

Lauro Trevisan

de perguntar-lhe sobre a conversa com a samaritana:

- Rabi, ouvi dizeres à samaritana que chegará a hora e já chegou em que os verdadeiros adoradores adorarão ao Pai em espírito e verdade. E acentuaste que Deus é espírito e em espírito e verdade é que o devem adorar os que o adoram. Esta afirmação é revolucionária. Nós, romanos, temos muitos templos e muitos deuses; os judeus têm o templo de Jerusalém e dizem que é o único lugar para adorar a Javé; os samaritanos têm o templo do monte Garizim. E entendi que tu dizes que Deus é espírito e se manifesta no espírito de cada criatura humana, por isso a verdadeira adoração a Deus será feita no templo interior de cada um, onde habita o Pai, como gostas de chamar a Deus.

- Parece-me justa essa consideração – ponderou Suzana – pois Deus não habita as pedras, os telhados, as construções, mas o interior do ser humano.

- Deus não é morcego – brincou Ismael - para habitar os telhados.

Felipe entrou na conversa:

- Javé pode se manifestar em algum lugar especial, que, por isso, passa a ser tido como sagrado; a presença perene ou momentânea da Divindade num determinado local, logicamente carrega o ambiente de energia santificada, mas as curas, a libertação, a alegria, o êxtase, as transformações, as conversões, ocorrem pela disposição e fé da pessoa.

Judas Tadeu observou:

- Assim como de nada vale colocar preces a rodarem em ventiladores ou em pergaminhos jogados ao léu do vento, a adoração deve ser feita em espírito e verdade, como nos ensinou o Rabi.

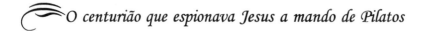 *O centurião que espionava Jesus a mando de Pilatos*

- Que dizes a isto, querido Raboni? – perguntou Joana.

Jesus, que ouvia serenamente todas as proposições e sabia que cada pessoa tem seu próprio passo, sorriu e encerrou:

- Há lugares que têm luz especial, mas os verdadeiros adoradores que o Pai aprecia são os que o adoram em espírito e verdade.

Lauro Trevisan

10

A festa do Zaqueu em Jericó

Jesus e seus acompanhantes passaram por Efraim e descansaram em Jericó, a 30 quilômetros de Jerusalém. Nada mais agradável do que desfrutar esse oásis, de clima ameno, viçosas plantações, tamareiras, estoraques, balsameiras, sicômoros em abundância e muita terra cultivada. Esta bela cidade, de nome Hir Shikov, que significa cidade perfumada, com muitas roseiras, tem uma fonte perene de água no centro urbano.

Maria Magdalena explicou ao grupo:

- Jericó surgiu há mais de nove mil anos. Situada a cerca de 240 m abaixo do nível do mar, foi dominada por vários povos, até que o bravo Josué a conquistou, depois de conseguir o milagre de fazer parar o sol para que se consumasse a vitória. Hoje está nas mãos dos romanos.

Joana contou para as amigas sobre as famosas termas de Calíore, onde se fazem banhos curativos.

- Herodes – disse ela - construiu um palácio junto às águas curativas e passou longo tempo, durante sua enfermidade, fazendo terapia nessas águas. Aqui faleceu ele alguns anos atrás.

63

O centurião que espionava Jesus a mando de Pilatos

Ao percorrer a cidade, o povo compareceu às ruas aclamando o Rabi e levando enfermos para serem curados. De passagem, Jesus viu um homem baixinho atarracado num sicômoro, fazendo o maior esforço para vê-lo. Era chefe dos coletores de impostos, homem muito rico.

Jesus olhou-o e acenou-lhe:

- Desce daí, Zaqueu. Hoje quero estar na tua casa.

O homem desceu como um raio e recebeu o Rabi, com a maior alegria.

Alguns fariseus, sempre ciosos do bom nome, murmuravam: "Hospedou-se na casa de um pecador".

À noite, Zaqueu promoveu um grande banquete, em homenagem ao seu ilustre hóspede.

Participaram da festa todos os acompanhantes de Jesus, mais alguns escribas e coletores amigos de Zaqueu.

Ao ritual de partir o pão e dar a bênção, Zaqueu pediu que o Rabi o fizesse.

Jesus orou ao Pai:

- Pai amado, abençoa esta casa! Abençoa esta família! Abençoa o amigo Zaqueu! Abençoa esta refeição e estes momentos que desfrutaremos em alegria, fraternidade e prazer! A paz e o amor desçam a esta casa hoje e sempre! Amém!

- Amém! Aleluia! – concluíram todos.

Zaqueu mandou seus servos servirem o cordeiro assado, o pão, o arroz, a batata e algumas verduras. E vinho em abundância.

Sentou-se ao lado de Jesus, desfrutando desse momento único.

No meio da festa, Zaqueu, que não cabia em si de contente, disse a Jesus:

- Meu bom Rabi, em teu nome darei metade dos meus bens aos pobres e, se defraudei alguém, restituirei o quádruplo.

Disse-lhe Jesus:

- Hoje entrou a salvação nesta casa, pois és homem de bem e de bom coração. Vim para procurar e salvar o que se perdera.

A noite correu faustosa, com boa comida e bom vinho, em clima de confraternização.

Mateus elogiou seu colega e contou-lhe um pouco de si.

Ao final do banquete, todos queriam fazer perguntas ao Rabi.

Zaqueu começou, um tanto timidamente:

- Rabi bondoso e sábio, diga-me: qual é a lei básica das relações entre as pessoas? Porque eu posso estar fazendo um bem a mim, mas estar sendo prejudicial a outrem.

Jesus silenciou por instantes, esperando que todos prestassem atenção, e respondeu:

- Faças ao outro o que queres que o outro faça a ti. Trata o teu semelhante como tratas a ti mesmo.

- Tão simples! - exclamou Zaqueu, embevecido.

Jesus assentiu:

- Todas a Leis que regem a vida e o universo são simples.

- E a síntese de todas as Leis seria o amor? - quis saber Maria Magdalena.

- Falaste bem! - anuiu Jesus.

- Complicados somos nós, os seres humanos! - ponderou Simão, sempre atento às palavras do Mestre.

Natanael pediu licença e expôs seu pensamento:

- Creio que o ser humano não é complicado; apenas com-

O centurião que espionava Jesus a mando de Pilatos

plica devido à sua ignorância.

Zaqueu levantou-se e sugeriu um brinde ao Rabi. No mesmo instante, as taças se entrechocaram num tilintar sonoro, mesclado com risos festivos.

O chefe dos coletores estava muito feliz e fez de tudo para que os convidados usufruíssem uma noite agradável e deliciosa.

No dia seguinte, inúmeros habitantes de Jericó vieram ter com Jesus, implorando a cura de seus males. Muitos apenas queriam ouvi-lo. No meio da multidão, infiltraram-se escribas fariseus e alguns saduceus, pois esses grupos não viam com bons olhos a popularidade crescente do Mestre.

Um dos fariseus, de nome Josafah, comentou, à voz pequena, com seu companheiro:

- Esse homem acolhe pecadores e come com eles. Estou sabendo do escândalo que aconteceu ontem.

Jesus, ouvindo o comentário, propôs a seguinte parábola:

- Se um de vós possuir cem ovelhas e perder uma, não deixa as noventa e nove no deserto e vai ao encalço da que se perdeu, até encontrá-la? E, tendo encontrado, com alegria a coloca nos ombros e retorna para casa conclamando os vizinhos: <Congratulai-vos comigo, porque achei a minha ovelha que se perdera?>. Digo-vos que haverá mais festa no céu por um pecador que se converte do que por noventa e nove justos que não necessitam de conversão.

Os fariseus mantinham-se impassíveis, querendo pilhá-lo em contradição.

Jesus fitou-os bem nos olhos e contou mais esta parábola:

- Um homem tinha dois filhos. Disse o mais novo: <Pai, dá-me a parte da herança que me toca, pois quero ir embora>. O

Lauro Trevisan

pai tentou dissuadi-lo: <Meu filho, aqui tens tudo que queres, por que vais embora?> O jovem respondeu que queria liberdade e fazer a vida ao seu bel prazer. O pai dividiu a herança entre os dois filhos. Passados cinco dias, o filho mais moço juntou tudo e partiu para uma terra longínqua. Lá, cercado de amigos, mulheres e aproveitadores, esbanjou toda sua fortuna em festas e numa vida dissoluta. Depois de tudo dissipado, sobreveio grande fome àquele país e ele começou a sofrer necessidade. Viu-se sem abrigo, sem amigos, sem dinheiro, sem nada. Procurou serviço, mas a única coisa que conseguiu foi cuidar dos porcos de um cidadão daquelas terras. Ansiava ele por satisfazer o estômago com as vagens que os porcos comiam, mas nem isso lhe era concedido. Então, entrou em si e pensou: Quantos trabalhadores, em casa do meu pai, têm pão em abundância e eu aqui morro de fome. Levantar-me-ei e irei ter com meu pai e lhe direi: <Pai, pequei contra os céus e contra ti; já não sou digno de ser chamado teu filho; trata-me tão-somente como um dos teus servos!>

Levantou-se e voltou para casa.

O pai avistou-o de longe e, movido de compaixão, correu-lhe ao encontro, lançou-se ao pescoço do filho, abraçou-o e beijou-o. Disse-lhe o filho:<Pai, pequei contra o céu e contra ti; já não sou digno de ser chamado teu filho!>. O pai, no entanto, ordenou a seus servos: <Depressa, trazei a melhor veste e a colocai nele; ponde-lhe um anel no dedo e calçado nos pés. Buscai também o novilho gordo e carneai-o. Comamos e celebremos um festim, porque este meu filho estava morto e reviveu, andava perdido e foi achado>. E começaram a celebrar a festa.

Entrementes, estava o filho mais velho no campo. Quando voltou e se aproximou da casa, ouviu música e bailados. Cha-

O centurião que espionava Jesus a mando de Pilatos

mou um dos criados e perguntou-lhe o que era aquilo. Explicou-lhe o servo:<Chegou teu irmão e teu pai mandou carnear o novilho gordo, porque o recebeu são e salvo>. Indignou-se ele e não quis entrar. Saiu então o pai e procurou persuadi-lo. Ele, porém, respondeu ao pai: <Há tantos anos que te sirvo, jamais transgredi um mandamento teu e nunca me deste um cabrito para eu me banquetear com meus amigos. Mas, logo que chegou esse teu filho, que dissipou a vida com meretrizes, lhe mandaste carnear o novilho gordo.

Tornou-lhe o pai: <Meu filho, tu estás sempre comigo e tudo que é meu é teu. Mas, não podíamos deixar de celebrar um festim e alegrar-nos, porque este teu irmão estava morto e reviveu, estava perdido e foi reencontrado.

Cornelius nunca tinha ouvido uma história tão compassiva e tão emocionante. No seu código romano, a lei é dente por dente, olho por olho; fez o mal, paga.

Maria comoveu-se profundamente com a história do Rabi. Jamais tinha visto tanto amor e compaixão no coração de alguém. Pelo contrário, tinha sentido na carne a intolerância e a reprovação de certos rabinos, levitas e doutores da lei. Seu carinho pelo Rabi iluminava cada vez mais o seu coração.

Jesus curou um paralítico, um cego de nascença e algumas pessoas nervosas, portadoras de síndrome da tristeza, ou mau espírito, como falava o povo.

Ao sair de Jericó, em companhia de seus discípulos e muito povo, Jesus viu sentado à beira do caminho um mendigo cego. Era Bartimeu, filho de Timeu. Ao saber que Jesus passava, pôs-se a clamar:

- Jesus, filho de Davi, tem piedade de mim!

Lauro Trevisan

Repreenderam-no muitos para que se calasse, mas ele gritava cada vez mais alto:

- Filho de Davi, tem piedade de mim!

Jesus parou e disse:

- Trazei-o a mim!!

Foram ao cego e lhe disseram:

- Tem confiança, levanta-te que ele está te chamando!

O cego lançou de si sua capa, levantou-se dum salto e correu para Jesus, tropeçando nas pedras.

- Que queres que te faça? – perguntou-lhe Jesus.

- Meu bom Rabi – suplicou-lhe Bartimeu – faze com que eu veja!

Atendeu-o Jesus:

- Vai, que tua fé te curou!

No mesmo instante, Bartimeu passou a ver e, feliz da vida, foi seguindo Jesus até certa altura da viagem.

O centurião que espionava Jesus a mando de Pilatos

11

Discussão sobre amor e perdão

Jesus e seus discípulos tomaram o caminho de Betânia.

Pela tarde, a comitiva fez parada numa colina coberta de relva. Enquanto Jesus e o grupo descansavam, as mulheres se prontificaram a preparar o lanche, que foi distribuído prazerosamente entre os presentes.

Maria Magdalena, após servir os discípulos, acercou-se de Jesus e abriu seus sentimentos:

-Amado Rabi, nunca tinha ouvido história tão linda e emocionante como a do filho pródigo. Creio que aí está o teu retrato de pai, a síntese da tua missão, a mais alta dimensão do amor. Quando tu me recebeste e me perdoaste e me deste palavras de carinho, vi-me como o filho pródigo nos braços do pai.

Débora e Suzana ouviram Maria e se aproximaram.

Também foram chegando Simão Pedro, André, Tiago e o jovem João.

Jesus elevou um pouco a voz, para ser ouvido por todos, e falou:

- Não existe amor sem perdão. O amor perdoa todos os

pecados.

Simão tomou a palavra e perguntou:

- Amado Rabi, tu tens sabedoria infinita e o que sai da tua boca vem de Deus. Diga-nos: quantas vezes devo perdoar ao meu irmão que me ofender? Até sete vezes?

Jesus voltou-se para Simão Pedro:

- Até setes vezes?! Digo-te eu não até sete vezes, mas setenta vezes sete vezes. Porque o reino dos céus é semelhante a um rei que quis tomar contas a seus servos. E, ao começar a tomada de contas, apresentaram-lhe um que lhe devia dez mil talentos; mas, como não tivesse com que pagar, ordenou o senhor que o vendessem a ele, sua mulher, seus filhos, todos os seus haveres e com isso pagasse a dívida. O servo, porém, lançou-se aos pés do credor, suplicando: "Senhor, tem paciência comigo que te pagarei tudo!" Compadecido do servo, o senhor o pôs em liberdade e perdoou-lhe a dívida. Saindo fora, este servo encontrou um de seus companheiros que lhe devia cem denários; deitou-lhe as mãos e o estrangulava, gritando: "Paga o que me deves!" O companheiro prostrou-se aos pés do credor, suplicando: "Tem paciência comigo, que te pagarei!" Ele, porém, não quis saber de nada e o mandou lançar no cárcere até que lhe pagasse tudo. Contristaram-se profundamente os outros servos que tinham presenciado o caso e foram dar parte a seu senhor de tudo que acabava de acontecer. Então, o senhor mandou vir seu servo à sua presença e o recriminou duramente: "Servo mau! Perdoei-te toda dívida porque me imploraste. Não devias também tu ter compaixão do teu companheiro assim como eu tive compaixão de ti?" E, indignado, o senhor o entregou aos carrascos até que tivesse pago toda a dívida.

O centurião que espionava Jesus a mando de Pilatos

Jesus olhou para todos e concluiu:

- Assim vos há de tratar meu Pai se, do íntimo, não perdoardes uns aos outros.

Natanael ponderou:

- Há pessoas que sequer perdoam a si mesmas. Deus perdoa sempre, tu perdoas, pois és misericordioso, e essas pessoas não se perdoam, remoem seus erros, se deprimem e adoecem. O perdão começa na própria casa interior.

- Vejo que o perdão é a mais importante terapia – admitiu Débora. - Não perdoar gera ódio, raiva e mágoa, venenos terríveis para o corpo e a mente; e não se perdoar gera abatimento, tristeza e angústia.

Jesus avisou amorosamente:

- Se estiveres ante o altar para apresentar tua oferenda e te lembrares de que teu irmão tem queixa de ti, deixa a tua oferenda ao pé do altar e vai primeiro reconciliar-te com teu irmão e depois vem oferecer teu sacrifício.

- Quer dizer – refletiu Débora, em voz alta – que, se eu tiver algo contra alguém, o ato da oferenda não chega ao Pai, porque o coração está bloqueado; e então será necessário primeiro desbloqueá-lo pela reconciliação para que meu sacrifício chegue a Deus?

- Se bem entendi – refletiu Simão – o sacrifício do altar não vale por si mesmo e sim enquanto significa a expressão de uma atitude interna. Sacrificar um boi a Javé será aceito se acompanhado de sentimento interior.

Natanael tomou a palavra:

- Lembro aqui os rituais de Caim e Abel. Ambos ofereciam sacrifícios materiais, mas somente os de Abel eram agradáveis a

Javé, porque acompanhados de amor e louvor a Javé.

Simão aproximou-se do Rabi e sugeriu que retomassem a caminhada.

Apenas alguns estádios os separavam de Betânia.

A comitiva pôs-se a caminho, tecendo comentários variados sobre os acontecimentos que iam se sucedendo.

Cornelius aproximou-se de Maria e quis debater com a amiga algumas análises que fez a respeito do Rabi.

- Maria, sei que és culta e muito inteligente. Tens fácil acesso ao Rabi e conversas muitas vezes com ele. Quero dizer-te o meu pensamento: sempre ouço com atenção as falas do Rabi. Percebo que transmitem a mais alta sabedoria. O que ele ensina tem fundamento, embora nem sempre coincida com a mentalidade judaica e muito menos com a filosofia greco-romana. Não se preocupa se suas idéias fecham com a Lei de Moisés e com as tradições dos antepassados ou se contradizem. Tem certeza da sua Verdade. Às vezes, suas idéias beiram a utopia. Mas ele tem convicção de que está construindo um novo reino, ao qual dá o nome de Reino dos Céus. Pudera que isto acontecesse! É misericordioso, avisa que amar e perdoar andam de mãos dadas, valoriza as mulheres. Observei também que ele não se apresenta como profeta de vida austera, feita de jejuns e penitência. Prega o amor, a fraternidade, o bem-viver no convívio com as pessoas, participa de almoços, ceias e banquetes, sem se preocupar se os comensais são honestos ou pecadores; come e bebe com os que comem e bebem; não se importa se é carne de ovelha ou de porco.

Maria atalhou, animada com as ponderações do centurião:

- Certa vez, disse ele: "O que entra pela boca não torna o homem impuro, mas o que sai da boca, isto é que torna o ho-

O centurião que espionava Jesus a mando de Pilatos

mem impuro".

Batendo no ombro de Cornelius, sorriu:

- Tu darias um bom discípulo dele!

O centurião sorriu, olhou para a moça, encantado de sua beleza morena, e tentou entrar na intimidade dela:

- Estou admirado da guinada da tua vida. Abandonaste Magdala definitivamente?

- Desde o dia em que vi o Rabi, sua ternura, sua bondade infinita e o acolhimento que me deu, na hora em que mais perdida estava, passei a seguir os seus passos.

- Fiquei impressionado e boquiaberto com a coragem que tiveste na casa de Simão, o leproso. E o incrível foi que o Rabi perdoou todos teus pecados, sem inquisição nenhuma. Como tu vês isso?

Maria concentrou-se um pouco e refletiu:

- Respondo-te com as palavras do Rabi: "O amor apaga todos os pecados; o amor vale mais que todas as vítimas e holocaustos". Percebi que um gesto de amor é luz que apaga qualquer dimensão de trevas. Não importa se um cômodo está na escuridão por um século ou por um dia: basta um raio de luz e a escuridão desaparece. Assim é o amor. Um gesto de amor apaga todo o passado, sem necessidade de rituais, penitências, sacrifícios de expiação. Amor é vida, é felicidade, é luz; ódio é enfermidade e morte. Um ato de amor tem mais significado que o mais lindo discurso. Amar é a melhor oração. Pude sentir, também, que certas pessoas, inclusive Simão, o leproso, são hipócritas, condenam nos outros o que fazem às escondidas, como se pudessem ocultar os atos a si e a Deus. Eu pecava por amor e condescendência, saciava as pessoas famintas de prazer, mas piores são os que pecam por ódio. Porque amor é energia boa, ódio é pernicioso corrosivo da alma e do corpo. Há homens e mulheres que devoram de ódio o cônjuge que peca por amor. Quem é pior? Quem perturba mais a ordem e harmonia do universo?

- Realmente, você é outra pessoa! – elogiou-a o centurião.

- Mas, há mais uma coisa que me chamou a atenção. Vivemos num período da história humana em que os homens são mais valorizados, por serem dominadores, fortes, combatentes ousados, investidores de peso, chefes da religião; e a mulher tem sido deixada em segundo plano, submetida, encarregada de afazeres de menor importância, não raro escravizada. Ele resgatou a mulher, cuja dimensão não é maior nem menor que a do homem. Eu o beijo e o abraço com a alegria da comunhão humana. Ele teve a coragem, calcada numa sabedoria transcendental, de romper o preconceito religioso e social; defende o valor, a grandeza e a igualdade da mulher em relação ao homem. Discípulos dele não são só homens; há várias mulheres, como eu. Até agora, só os homens eram considerados <filhos de Abraão>; no entanto, o Rabi chamou as mulheres de <filhas de Abraão>; só os homens davam carta de divórcio; Jesus atribuiu o mesmo direito às mulheres. O Rabi também escandaliza os puritanos quando abraça as mulheres e lhes confere carinho, bondade e dignidade. É, em suma, um Ser Superior.

Cornelius olhou-a com bondade e disse-lhe:

- Os que te condenam deveriam ouvir tuas palavras. Saberão que as aparências enganam.

- Percebeste, Cornelius, que a tua presença é do agrado dele? Sabe das tuas intenções e da tua missão secreta e está contente que o acompanhes, porque ele lê o coração, tem conhecimento da tua

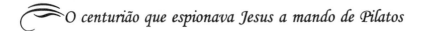
O centurião que espionava Jesus a mando de Pilatos

retidão de princípios e sabe que pretendes a verdade.

Os dois selaram a amizade com um abraço e se aproximaram de Jesus.

O Rabi tinha parado para atender a várias famílias que trouxeram seus enfermos e se postaram à margem da estrada. E todos saíram dando glórias a Deus, que mandara um grande profeta ao seu povo.

12

O centurião na casa de Lázaro com Jesus

Ao entardecer, Jesus e seus seguidores chegaram em Betânia, pequena aldeia cerca de três quilômetros distante de Jerusalém.

A região, tomada de plantações de cevada, vinhedos, figueiras, quintas de oliveira e outros cultivos, contrasta com a aspereza da Judéia.

Em meio ao verdor da pequena cidade, alinha-se em declive o belo casario branco, com seus alpendres cheios de trepadeiras e folhagens, exalando perfume agradável. Ao longo dos pátios, a relva pululante de flores miúdas.

Numa bela e ampla mansão, com largos avarandados e alpendres tomados de folhagens coloridas, vivem três irmãos: Lázaro, Marta e Maria. Possuem grandes plantações de cevada, oliveiras, vinhedos; e criação de ovelhas e bois.

Desde que conheceram Jesus, tornaram-se fiéis seguidores e amicíssimos dele. Com muito carinho e prazer hospedam Jesus.

O centurião que espionava Jesus a mando de Pilatos

Passam longos serões em conversas amenas e alegres, em que o Mestre lhes fala de felicidade, amor e reino dos céus.

Lázaro é um homem correto, trabalhador, inteligente, culto, sempre irradiando extrema simpatia. Seu maior agrado é receber o Rabi. A amizade começou quando Maria ouvira Jesus falar de um novo reino, na praça do povoado. Encantada com a mensagem e com a bondade de Jesus, levou-o para hospedar-se em sua casa.

Maria, linda jovem encantadora, muito sensível e espiritualista, adora estar com Jesus e, sentada aos seus pés, não cansa nunca de ouvi-lo.

Marta é uma moça ativa, criativa, bem-disposta, que gosta de fazer tudo para que o amigo, guia e hóspede, se sinta bem. Cuida da comida, do quarto, do conforto do Rabi.

Na entrada da povoação, Jesus informou:

- Vamos à casa do meu querido amigo Lázaro.

A alegria foi geral.

Lázaro sabia da chegada de Jesus e ficou à sua espera no vestíbulo da casa. Com seu tradicional sorriso feliz, abraçou Jesus e convidou-o a entrar. Em seguida, abraçou os acompanhantes do Mestre, alguns já conhecidos seus, acenando-lhes a varanda, onde uma larga mesa talhada a capricho em madeira de cedro do Líbano já estava preparada para a ceia.

Marta veio correndo ao encontro do seu amigo, abraçando-o e beijando-o, muito feliz da vida. Em seguida, chegou Maria, com os olhos fulgurando de felicidade. Seu abraço carinhoso foi prolongado, tecido de beijos de alegria.

- Que bom que vieste à nossa casa, querido Raboni! – disse ela, exultante.

Lauro Trevisan

- Esta casa é uma bênção de Deus – respondeu-lhe Jesus, segurando afetuosamente a mão dela, enquanto entrava.

Cornelius aproximou-se de Lázaro e desculpou-se:

- Sou um desconhecido, não sei se mereço entrar na sua casa.

- Entra, amigo. Tenho ouvido falar de ti. Sei que és homem de bem. Construíste uma sinagoga em Cafarnaum, não é verdade?

Os criados alojaram os discípulos no salão destinado aos homens e as criadas conduziram as mulheres a um reservado muito confortável. Várias talhas, cada uma com 36 medidas de água, foram dispostas para se lavarem.

Maria e Marta acompanharam Jesus ao cômodo especial sempre preparado para ele e cuidado com muito amor. Vasos de flores perfumadas impregnavam o ambiente do quarto; talhas de água abundante para as abluções estavam à disposição, com belas toalhas, delicadamente alinhadas ao lado.

Maria mostrou-lhe uma túnica nova, bela, ricamente bordada e disse-lhe com incontida satisfação:

- Eu e Marta a fizemos para ti!

Jesus sorriu e beijou-as agradecido.

Ele tinha prazer de se hospedar na mansão de Lázaro, não tanto pela prodigalidade e conforto quanto pela energia harmoniosa que aí existia. Era a sua segunda casa, lugar onde podia gozar de sossego e privar a intimidade familiar. Lázaro, Marta e Maria tinham imensa afeição por ele e contavam a toda gente.

Depois de lavar-se e descansar da longa caminhada, Jesus vestiu a túnica que as amigas lhe deram e foi à grande sala, iluminada por belos e doirados lampiões. Pelas largas janelas

O centurião que espionava Jesus a mando de Pilatos

podia ver as estrelas brilhando no céu enquanto a lua cheia desfilava com sua branca veste nupcial.

Maria, lindamente vestida, com seus belos cabelos ajeitados a capricho, uma suave fragrância se irradiando de sua pele sensual, correu para junto do Rabi, abraçou-o e acomodou-se a seus pés, desejosa de beber suas palavras, qual abelha sugando o néctar das flores. Os olhos fitos naquele rosto nobre e majestoso, sentia-se envolvida pela palavra, pelos gestos, pelas atenções que Jesus lhe dedicava.

Marta, que andava afoita de um lado para outro, tentando organizar a lauta ceia com tantos convidados, não se conteve:

- Não te importas, Raboni querido, que minha irmã me deixe só com o serviço? Dize-lhe que me ajude.

Jesus lhe respondeu:

- Marta, Marta, andas inquieta e preocupada com muitas coisas; entretanto, uma só é necessária. Maria escolheu a melhor parte, que não lhe será tirada.

- Está bem, amado Raboni – aceitou Marta – é que hoje o grupo é grande e temos muito que fazer.

Sem ouvir mais nada, Marta correu a chamar duas servas para a ajudarem.

- Conta-me, querido Raboni, uma das tuas belas histórias – pediu-lhe Maria.

- A propósito das preocupações da querida Marta, vou contar-te uma parábola: Um homem preparou um grande banquete e convidou muita gente. Chegada a hora da festa, enviou seu servo a dizer aos convidados: "Vinde, está pronto!" Mas todos, a uma, começaram a escusar-se. Disse o primeiro: "Comprei uma quinta e preciso ir vê-la; rogo-te me tenhas por escusado!" Outro falou: "Comprei cinco juntas de bois e vou experimentá-los; rogo-te me tenhas por escusado!" Um terceiro disse: "Casei-me, por isso não posso ir". Voltou o servo e referiu isto ao seu senhor. Indignou-se o dono da casa e ordenou a seu servo: "Sai depressa pelas ruas da cidade e conduze-me aqui as pessoas que encontra-res". O servo assim fez e avisou ao seu amo: "Senhor, está cumpri-da a tua ordem e ainda há lugar". Disse o senhor ao servo: "Sai pelos caminhos e cercados e manda a gente entrar, para que se encha a minha casa. Pois, declaro-vos que nenhum daqueles ho-mens que tinham sido convidados provará o meu banquete". Entendeste, Maria?

- Penso que sim. Deus ofereceu o banquete da vida, criou um mundo de felicidade, iluminou os seres humanos com a luz prazerosa do amor, mas as pessoas estão preocupadas com seus compromissos materiais e dão mais importância às coisas exter-nas. Não desfrutam o dia-a-dia e depois se queixam de que a vida é dura, sofrida, pesada.

O Rabi elogiou-a:

- Muito bem. A vida é um banquete, mas as pessoas igno-ram a festa da vida, porque, cegos pela ignorância, submergem na matéria, na violência, na enfermidade, na solidão, no desgaste físico e mental.

- Feliz de quem se banquetear no reino de Deus! – excla-mou a jovem.

Jesus corroborou, citando a bíblia:

- Um coração contente tem um eterno banquete.

Lázaro apareceu com uma taça na mão:

- Rabi amado, este é um licor produzido por uma quinta aqui de Betânia. Experimenta.

O centurião que espionava Jesus a mando de Pilatos

Jesus sorveu da taça e sorriu:

- Precioso!

Alguns discípulos apareceram e postaram-se junto do Mestre. Também foram chegando Maria Magdalena, Joana, Débora, Suzana, Júlia, e outras discípulas, que quase sempre acompanhavam Jesus.

O cheiro delicioso da comida impregnava o ambiente.

Lázaro convidou Jesus para o lugar de honra, na cabeceira da mesa e, em seguida, foi acomodando os convidados. Maria tomou a dianteira e postou-se ao lado de Jesus. No outro lado, Lázaro.

- Amado Rabi – pediu Lázaro – por favor, faze a prece da partilha do pão!

Jesus elevou os olhos ao Alto e orou:

- Graças te dou, ó Pai amado, pelos alimentos que nos dais pelas mãos desta gente tão amorosa!

Graças por este reencontro e pelo acolhimento que nos foi dado nesta casa abençoada!

Graças porque me deste a maravilhosa companhia de Lázaro, Marta e Maria. Guarda-os na tua paz e no teu amor!

Graças, ó Pai santo, pela abundância que derramas a esta família, que se excede em bondade, generosidade e hospitalidade!

Peço-te, Pai bendito, para que todos os teus filhos do mundo inteiro, principalmente os que passam necessidade e jazem nas sombras da miséria, descubram o caminho da abundância e do bem-estar, porque assim é do teu agrado!

Rogo-te, Pai admirável, por todos que aqui estamos desfrutando esses momentos inefáveis! O teu espírito nos ilumine, nos

Lauro Trevisan

anime, nos proteja, e a tua luz nos acompanhe hoje e sempre.

- Amém! – disseram todos, em coro.

- Fica conosco, Marta! – convidou-a Jesus.

- Raboni, permitas que cuide da refeição. Terei prazer em servir!

- Bela atitude! – concordou Jesus. - Bem-aventurados os que não optam para serem servidos, mas para servir!

Em seguida, Marta passou a comandar os serviços. Vieram os pratos fumegantes de cabrito, ovelha e um belo leitão assado. Lentilha misturada com cebola, feijão, verdura e várias espécies de pão. Mais alguns pratos típicos da família.

Simão Pedro cochichou para André sobre o porco. Queriam renunciar a esse assado por causa da lei de Moisés, que considera o porco carne impura.

- Não sejais tomados de escrúpulos, Simão e André – sorriu Jesus para seus discípulos. - Compreendei que tudo que entra pela boca vai para o estômago e daí é lançado fora. Mas o que sai da boca vem do coração e isto é que torna o homem puro ou impuro. Porque do coração é que vem a maldade ou o bem e não dos seres criados por meu Pai.

Pedro e André ficaram constrangidos. Mas não tiveram coragem de se deliciar com o saboroso e bem-cheiroso leitão.

Um doutor da lei, Nicodemus, amigo de Lázaro e de Jesus, teve a impressão de que o Rabi se afastara da lei de Moisés e das tradições dos antepassados.

O Nazareno voltou-se para ele, pois sabia de seus pensamentos, e explicou-lhe:

- Não vim ab-rogar a lei, mas aperfeiçoá-la. Muitas tradições e leis perdem sua razão de ser com o correr do tempo. O que vale

O centurião que espionava Jesus a mando de Pilatos

é a verdade e não a lei e nem a tradição. O homem não foi feito para a lei e sim a lei é que foi feita para o homem.

Nicodemus acenou concordando.

- Bom Mestre – comentou Lázaro – tu estás além do tempo e da matéria. Tu sobrevoas sobre a bíblia e trazes ao mundo a verdade que ilumina a vida.

Maria tomou a palavra:

- Raboni querido, tu és simples e ao mesmo tempo transcendente; és o poder e ao mesmo tempo o servo dos servos; és a palavra que abre novos caminhos e também a palavra que brinca nos lábios e faz sorrir!

- Num mundo que privilegia os homens – acrescentou Débora – dás lugar essencial também às mulheres!

- E eu, que hei de dizer? – manifestou-se Maria Magdalena, espraiando lindo sorriso. – És o mesmo para justos e pecadores; repartes teu amor, tua presença e tua luz a todos, homens e mulheres, adultos e crianças. És o bem-aventurado dos bem-aventurados!

Jesus ouviu com atenção e carinho as palavras e completou:

- Feliz de quem não encontra tropeço em mim!

A ceia prosseguiu festiva. Os comensais conversavam animadamente.

Marta, já mais livre, aproximou-se de Jesus e disse-lhe, com ternura:

- Desculpa-me, Raboni querido, por não permanecer junto de ti. Às vezes, fico indecisa sem saber como devo agir. Estar contigo é momento imperdível, mas os trabalhos também precisam ser encaminhados.

Lauro Trevisan

- Querida Marta, o trabalho é essencial para a sobrevivência, a subsistência, a evolução e progresso da humanidade. O trabalho dignifica. O que não pode acontecer é a inversão de valores, pois vale mais a vida do que os bens. Mas a vida não é contra a matéria, nem a matéria há de ser contra a vida, pois, se não existir a vida, a matéria não terá significado. A primazia da matéria causa preocupações e estas envenenam a vida.

- Explica-nos melhor – solicitou Lázaro.

Jesus olhou para os presentes e todos depuseram sobre a mesa a taça de vinho e silenciaram. Então, falou ele, com bondade:

- Não vos dê cuidados a vida, o que haveis de comer, nem o corpo, o que haveis de vestir. Não vale, porventura, mais a vida que o alimento e o corpo mais que o vestuário? Considerai as aves do céu: não semeiam, nem ceifam, nem recolhem em celeiros - vosso Pai celeste é que lhes dá de comer. Não sois vós, acaso, muito mais do que elas? Quem de vós pode, com seus cuidados, prolongar a sua vida por um palmo sequer? E por que andais inquietos com o que haveis de vestir? Considerai os lírios do campo, como crescem; não trabalham, nem fiam e, no entanto, vos digo que nem Salomão em toda sua glória se vestiu jamais como um deles. Se, pois, Deus veste assim a erva do campo, que hoje existe e amanhã é lançada ao forno, quanto mais a vós! Os mundanos é que se preocupam com as coisas materiais. Vosso Pai celeste sabe que de tudo isso haveis mister. Não andeis, pois solícitos pelo dia de amanhã; o dia de amanhã cuidará de si mesmo; basta a cada dia a sua lida.

Cornelius tomou a palavra:

- Desculpa, Rabi, sou profano no assunto e, como romano,

O centurião que espionava Jesus a mando de Pilatos

tenho outra visão sobre o trabalho. Consoante nossa filosofia, uns foram feitos para trabalhar, outros para desfrutar; uns foram feitos para mandar, outros para obedecer. Eu, por exemplo, tenho cem soldados sob minhas ordens e, como soldados, me obedecem. Mas, percebi, nas tuas palavras, imensa sabedoria. És também Mestre na ciência da mente e do bem-viver, pois se o homem carregar consigo os efeitos do passado e as preocupações do futuro, será um homem morto. Seu corpo não suportará tamanho peso. Mas, permitas-me fazer-te uma pergunta: És porventura contra a riqueza, o bem-vestir e a boa alimentação?

- Não, pois se o fora, estaria opondo minhas palavras contra minhas atitudes. Vês que tenho veste adequada, participo de banquetes e manjares festivos, soubeste que transmutei água em vinho para a alegria dos noivos e dos convidados de Caná. Abençoei a riqueza deste meu amigo Lázaro, pois sua prosperidade dá-lhe condições de bem-viver e contribui para alimentar as gentes, com o resultado das suas atividades. O trabalho, meu caro centurião, é a participação do ser humano na obra da criação do mundo. Mas, assim como a criação teve origem na palavra, no faça-se divino, essa palavra foi dada ao homem para que, pelo exercício do Verbo, crie o seu próprio mundo e um mundo melhor. A Palavra, o Verbo, é a manifestação divina criadora. O ser humano foi o único que recebeu a Palavra, por ser originário do meu Pai Criador. Pela Palavra, o Pai criou o mundo; pela Palavra, seus filhos continuarão a criar o mundo até o fim dos tempos.

- Como usar a Palavra, Mestre? – tornou Cornelius.

- Cada qual colhe o que semeia. Se semear o mal, colherá o mal. Se semear o bem, colherá o bem.

Simão Pedro perguntou:

Lauro Trevisan

- Meu bom Rabi, haverá uma fórmula secreta para usar a Palavra adequadamente? Onde se situa o poder da Palavra? Qual é o segredo que usas para curar e libertar as pessoas dos seus males?

- Meu caro Simão Pedro! Meus amigos! Em verdade vos digo: Tudo que pedirdes ao Pai, em estado de oração, crendo que haveis de alcançar, alcançareis. Seja o que for que desejardes, quando orardes crede que tendes alcançado e assim será. Há uma Força todo-poderosa, que parte do Infinito do nosso ser, o Espírito, e então, quando em sintonia com o Espírito, que é a Divindade, manifesta-se o poder de Deus através da Palavra. Esta força chama-se fé.

Jesus, erguendo a mão direita para o alto, em gesto expressivo, continuou com voz pausada e serena:

- Pedi e dar-se-vos-á; procurai e achareis; batei e abrir-se-vos-á. Pois todo aquele que pede, recebe; quem procura, acha; e a quem bate, abrir-se-lhe-á.

Tomé elevou a voz, do seu canto da mesa:

- Mestre, se fosse assim tão fácil, não é de se supor que o mundo seria diferente?

- Tomé, haverá alguém dentre vós que dê a seu filho uma pedra quando lhe pede pão? Ou que lhe dê uma serpente quando lhe pede peixe? Ou haverá alguém que dê ao filho um escorpião quando lhe pede um ovo?

Caiu um silêncio profundo na sala. Ninguém ousou perguntar nada.

Jesus concluiu:

- Se, pois, vós, que sois limitados, sabeis dar coisas boas a vossos filhos, quanto mais vosso Pai que está nos céus dará coisa

O centurião que espionava Jesus a mando de Pilatos

boa àqueles que a ele pedirem.

Maria Magdalena, moça tão culta quanto bonita, entrou no assunto:

- Bom Mestre, tu disseste que tudo que se pede, se obtém; e confirmaste esta verdade apelando para a bondade do Pai. Se um pai humano, mesmo com suas limitações e perturbações, jamais dará uma pedra quando o filho pede pão, será impossível que o Pai celeste dê enfermidade quando o filho pede saúde ou que dê fome e miséria ao filho que lhe pede abundância. Então, tu concluíste, com a suprema sabedoria que te concedeu o Pai, que toda criatura humana sempre receberá de Deus tudo que pedir. Não estará aqui nessa verdade a solução da miséria, da fome, das limitações insuportáveis pelas quais o mundo passa?

Felipe intrometeu-se no diálogo e analisou:

- Entendi que a Palavra é dom que Deus só concedeu ao ser humano e entendi que é pela Palavra, pelo pedido, pela oração, que se alcança o que se quer; então, não seria esse o caminho da riqueza, da prosperidade, da abundância?

Jesus concordou:

- Falaste muito bem, Maria; analisaste corretamente, Felipe. Riqueza não é privilégio, nem sorte, nem fruto de roubo ou de extorsão, assim como não resulta unicamente do trabalho, mas do exercício do dom divino concedido aos filhos do meu Pai que está nos céus.

Simão não se conteve e bradou com entusiasmo:

- Amado Rabi, jamais pisou na Terra alguém tão sábio como tu! Tens Palavra de vida eterna. Permite-me desfazer uma dúvida. Qual é a finalidade do trabalho?

- O trabalho – explicou Jesus – tem finalidade muito superior ao mero ganhar dinheiro ou amontoar tesouros materiais. O trabalho é a ação humana. É, acima de tudo, ato criador. Visa continuar a obra da criação do mundo. Lembras-te da bíblia, que refere que no sétimo dia da criação Deus descansou? Ora, Deus não cansa e nem descansa. Significa que, a partir de então, pertenceria aos filhos do Pai Celestial continuarem a obra da criação do mundo. Eis a finalidade maior do trabalho.

- Então - voltou Pedro, coçando a barba - o trabalho independe de a pessoa ser rica ou pobre. Ele transcende ao objetivo de adquirir bens materiais. É missão natural humana, seja qual for a situação econômica da pessoa.

- Até porque - interferiu Maria Magdalena - há pessoas que doam seu trabalho sem nenhuma remuneração.

- Mas, nada passará sem a recompensa do Pai - completou Jesus.

Felipe ergueu-se para ver melhor o Mestre e perguntou:

- Onde encontramos o Pai?

- Já vos revelei, certa vez: no secreto de cada um. Somos uno com o Pai. O Pai é um, nós somos uno com ele. Por conseqüência, a Palavra da fé, que é a palavra abonada pelo Pai, move montanhas, produz milagres, tudo alcança e torna possível também o impossível.

- Penso - volveu Tomé - que existem muitos impossíveis.

Jesus esclareceu:

- O que é impossível para os homens, não é impossível para o Pai. Não sendo impossível para o Pai, não é impossível para nós, que somos um com o Pai.

Maria Magdalena novamente demonstrou seus conhecimentos, oriundos dos seus estudos filosóficos gregos e da palavra

O centurião que espionava Jesus a mando de Pilatos

do Mestre:

– O impossível está apenas no humano, mas o espírito é o divino do humano e nele reside a Fonte do poder, que faz tudo possível.

Erguendo as mãos abertas para o alto, Jesus proclamou:

– Prestem sempre atenção quando eu proferir esta palavra: fé. Aí está o segredo. Nela reside a força redentora.

Todos bateram palmas, levados pelo impulso irresistível do entusiasmo.

Judas Iscariotes, após a ceia, chamou Simão Pedro para um canto e reclamou:

– Falaram muito em fé, poder, espírito, mas esqueceram de pôr os pés no chão. Sem dinheiro, que podemos fazer? Dize para o Mestre pedir ajuda monetária a Lázaro para a nossa bolsa. Vamos ser práticos!

Pedro censurou-o:

– Tens olhos demasiadamente materiais, Judas. Eleva-te ao espírito, companheiro!

Maria colocou no prato de Jesus um crocante pedaço de costela de cabrito e convidou-o a saboreá-lo. Em seguida, Marta encheu de vinho a taça do Mestre. Lázaro passou a falar das melhores regiões produtivas de vinho de qualidade e da sua própria produção.

E o banquete prosseguiu festivamente.

A noite estava primaveril e a lua seguia sua incomensurável trajetória, jorrando raios de prata sobre o manto escuro do céu, salpicado de estrelas.

13

O centurião vai a Pilatos

De manhã, após a refeição matinal, Cornelius desculpou-se por não poder acompanhar o grupo e saiu a trote largo em direção a Jerusalém.

Antes do meio-dia, já estava percorrendo as ruas principais da capital, regurgitantes de gente. Dirigiu-se até a Torre Antônia, passando pelo mercado ambulante, cuja gritaria punha o quarteirão todo em alvoroço. Pretendia uma audiência com Pilatos a fim de prestar as primeiras informações sobre o Galileu. Pilatos o recebeu com gestos de boas vindas.

- Vem almoçar comigo – disse sorrindo. – Tenho para hoje um cabrito assado. E aquele vinho que tu conheces da outra vez.

O centurião estava admirado da magnanimidade do procurador, sempre muito cioso da sua autoridade.

Ao chegar à sala de refeições, aberta para uma ampla visão do vale, Cláudia Procla, esposa de Pilatos, os recebeu, com um belo sorriso iluminado pela formosura do seu rosto. Cláudia era relativamente jovem, elegante, bem-vestida. Irradiava simpatia, enquanto que o procurador mantinha porte de autoridade.

O centurião que espionava Jesus a mando de Pilatos

- Estou curioso por saber algo daquele mago que transmutou água em vinho. Bem que podíamos montar uma indústria de vinhos com ele – brincou o prefeito.

Cláudia acomodou-se ao lado do marido, enquanto duas criadas, vestidas a rigor, serviam a mesa. Ela já tinha ouvido elogios sobre Jesus de duas simpatizantes da alta classe.

Cláudia colocou no prato do marido o pedaço do cabrito preferido dele e, após, serviu Cornelius.

– E então? – começou Pilatos – enquanto Cláudia enchia de vinho a taça do oficial.

– Acompanhei de perto os passos do Rabi. É um sonhador. Um visionário. Pretende criar um reino, não material, nem em confronto com Roma, mas um reino dentro da própria pessoa. Afirma que Deus não está no templo e nem no monte Garizim, mas no âmago da criatura humana.

- Meio louco, para dizer isto diante do sumo sacerdote, dos sacerdotes, do sinédrio e da alta casta religiosa, que faz do templo a sua mina de ouro. É uma paulada contra o fanatismo desses proprietários de Javé.

- Pois já o chamaram de louco, enganador, infiel, endemoninhado. Passa a maior parte do tempo percorrendo cidades e povoados, proclamando o que ele chama de boa nova.

Pilatos concluiu intempestivamente:

- Um andarilho. Sem trabalho. Vagabundo! Inofensivo!

- Ele diz que veio fundar um reino, a que deu o nome de Reino dos Céus.

- Está arregimentando forças? – preocupou-se o procurador.

- Não. Diz que o tal de Reino dos Céus está dentro de cada um.

Lauro Trevisan

Pilatos deu uma gargalhada. Bebeu meia taça de vinho num sorvo só e blasonou:

- Doido!

- É o que muitos dizem dele – confirmou o centurião.

O procurador sorriu e raciocinou:

- Se o reino dele é dos céus, não é da terra, portanto não pode estar dentro do ser humano. Além disso, se está dentro do ser humano, não preocupa Roma.

Cornelius tentou melhorar a imagem de Jesus:

- O homem é muito inteligente, consegue atrair o povo, que fica encantado com sua mensagem. É contra a violência, o ódio e a guerra. Prega um novo mundo feito de amor, de fraternidade e de paz universal. Insiste que todos somos irmãos, originários do mesmo Pai celeste.

- E o aspecto dele, como é? – entrou na conversa Cláudia.

Pilatos voltou-se para ela, intrigado:

- Por que perguntas?

- Porque tenho comigo uma carta escrita pelo senador Publius Lentulo, a Tibério. Uma amiga mandou-me cópia, de Roma, perguntando-me o que sabia desse personagem.

- E não me deste para ler?

- Não vi porque seria do teu interesse. Não tens simpatia por essa gente. Mas, posso lê-la agora.

Pegou uma folha de pergaminho e leu:

"AVE, TIBÉRIO CESAR!

Enquanto vos escrevo, existe aqui um homem de singular virtude, que se chama Jesus. Os bárbaros o têm em conta de profeta, mas os seguidores o adoram como filho de deuses imortais: ressuscita mortos e cura enfermos, falando-lhes e tocando-os.

O centurião que espionava Jesus a mando de Pilatos

É de estatura elevada e bem conformada; de aspecto ingênuo e venerável. Caem-lhe os cabelos em anéis até debaixo das orelhas e espalham-se com uma graça infinita, trazendo-os à moda dos nazarenos. Tem fronte larga, espaçosa, e as faces coloridas de amável rubor. O nariz e a boca, de uma admirável regularidade. A barba, da mesma cor dos cabelos, desce-lhe espessa até ao peito, bipartida à semelhança de forquilha. Os olhos brilhantes, claros e pequenos. Prega com majestade; e suas exortações são cheias de brandura. Fala com muita eloqüência e gravidade. Muitos o viram chorar, não poucas vezes. É, sobretudo, sábio, moderado e modesto".

Pilatos comenta, de cara amarrada:

- Pura poesia. Não acredito nessa carta.

Olhou para o centurião e quis saber:

- Que dizes?

- Algumas coisas conferem, outras não. O cabelo é mais liso que crespo e mais castanho que loiro. Nunca o vi chorar, mas, sempre que o vejo, permanece sereno e senhor de si. Não raro, aflora exuberante sorriso dos seus lábios. Não é desses profetas chorões, que ameaçam tudo e todos com fogo do céu. O foco da mensagem dele é o amor. A todos acolhe amorosamente, sejam justos ou pecadores, pobres ou ricos, homens, mulheres ou crianças, judeus ou samaritanos, gregos, assírios ou romanos. Sua palavra inspira confiança nas pessoas porque promete o reino dos céus.

- Que diz ele sobre o amor? – interessou-se Cláudia.

- Sintetiza tudo em três princípios: amar a si mesmo; amar ao próximo e amar a Deus. Entende que este planeta é nossa casa comum e todos somos irmãos.

Lauro Trevisan

- Utopia! – resmungou Pilatos. – Em relação ao meu comando e a Roma, tem se manifestado?

- Mantém-se alheio à política, em si. Vitupera a hipocrisia, a inveja, a incoerência, a violência, a exploração, tudo que significa desvio do bem, da verdade, da justiça e do amor.

- Bem, Verdade, Justiça, Amor?! Quem sabe o que é isso? Cada pessoa, cada povo, tem a sua filosofia. A verdade tem muitas faces. A minha verdade não é a mesma dessa corja de escribas e doutores religiosos. Foi graças ao prefeito da Guarda Pretoriana de Tibério, meu amigo Sejanus, que fui nomeado para cá e sei que Sejanus abomina essa gente. Ele me incita a fazer de tudo para endurecer com os judeus. Agora que Tibério retirou-se para a Ilha de Capri, cansado das maquinações e intrigas palacianas de Roma, meu amigo Sejanus tem as rédeas do poder na mão, por isso me sinto seguro e prestigiado.

- Mas, com isto – comentou Cláudia – tens a inimizade da alta hierarquia daqui de Jerusalém e de alguns ricos fariseus e saduceus. E o povo não te vê com bons olhos, porque tripudias as crenças dele.

Pilatos saboreou mais uma taça de vinho e, animado com os efeitos da bebida, proclamou:

- Essa gente precisa saber que está sob a cerviz romana. Roma é a supremacia e eles precisam de um jugo forte e duro, porque não cansam de tentar libertar-se. Não tolero repulsa. Tempos atrás, mandei meus soldados entrarem em Jerusalém, à noite, portando efígies do Imperador Tibério nos estandartes. O povo se revoltou, como se Roma os temesse.

- Mas tiveste que ceder – atalhou Cláudia – porque desde o amanhecer o povo correu às ruas em altos brados de protesto.

O centurião que espionava Jesus a mando de Pilatos

Pilatos explicou:

- Dessa feita, fiquei assombrado com a atitude dessa gente. Foram a Cesaréia falar comigo. Mandei se reunirem no grande hipódromo, dando a entender que seria uma audiência de conciliação, quando, na verdade, ameacei-os de morte caso se recusassem a aceitar as insígnias romanas. Ordenei aos soldados que desembainhassem a espada para o massacre de todos os que não se submetessem. Impressionante! Todos preferiram morrer a desobedecer a lei deles. Não admitem estátuas e imagens de quem quer que seja, muito menos do imperador, pois para o Deus deles é um insuportável agravo. Cedi para evitar problemas com meu prestígio diante de Roma e mandei retirar de Jerusalém as insígnias do Imperador. Em compensação, determinei que fossem cunhadas moedas com símbolos e imagens e eles tiveram que aceitar.

O almoço continuou animado.

Era por volta da hora nona quando o centurião atravessou o portal da guarda e se dirigiu ao centro da capital. Nas cercanias do templo, encontrou três escribas fariseus ferrenhos, fundamentalistas até o cerne dos ossos.

Um deles aproximou-se ousadamente do oficial romano e abordou-o:

- Eu te vi com Jesus e, há pouco, estiveste com Pilatos; agora vais ao templo. Afinal, que rosto tens?

- O que sempre tive, aqui, em cima do pescoço – caçoou dele o centurião.

- Queremos saber de que lado pendes.

O centurião sentiu vontade de mandá-lo comer brasas na geena, mas resolveu atiçar fogo na língua do escriba intrometido:

Lauro Trevisan

- Sou romano, não pertenço a nenhuma categoria da vossa religião, como carne de porco prazerosamente e sou respeitado.

- Estás a mando de Pilatos! – acusou-o o segundo fariseu.

- Vejo-te também no grupo de Jesus, aquele perturbador da ordem e da nossa religião – insistiu o primeiro.

- Estou a serviço da verdade, se quereis saber. De mais a mais, não tenho que dar satisfações a fariseus destemperados que me abordam na rua! Ide orar no templo, que isso vos será muito útil, se é que Javé ouve as vossas orações!

O centurião ajeitou melhor seu capacete e saiu soberano em direção ao mercado.

Os três resmungaram raivosamente. Um deles evocou um profeta: "Porque não és nem frio nem quente, vomitar-te-ei da minha boca".

O centurião que espionava Jesus a mando de Pilatos

14

O centurião, Magdalena e Nicodemus

No dia seguinte, Cornelius dirigiu-se ao Monte das Oliveiras e, no caminho, encontrou-se, por acaso, com Maria Magdalena.

Conversou prolongadamente com ela, pois apreciava a cultura da moça, ao passo que boa parte dos discípulos não passavam de rústicos pescadores, cuja cultura não ia além do comum. Soube que Jesus esteve no templo; que vituperou contra a feira e o comércio aberto e barulhento de animais no interior do templo; que curou vários enfermos; que se reuniu com muitos forasteiros, ansiosos por conhecê-lo e ouvi-lo.

Maria contou-lhe também que Nicodemus, doutor da lei e membro do sinédrio, aquele que participou do banquete de Lázaro, teve um encontro secreto com o Rabi. O homem preferiu reunir-se com Jesus na calada da noite, pois não queria que o identificassem como seguidor do Nazareno.

- Sabes sobre o que conversaram?

-Sei, Jesus me contou. Nicodemus começou dizendo: "Mestre, nós sabemos que vieste de Deus para ensinar, porque ninguém pode fazer essas obras poderosas que tu fazes a não ser que

Deus esteja com ele".

- E Jesus?

- O Mestre falou-lhe: "Em verdade te digo: quem não nascer de novo não pode ver o reino de Deus". O doutor ficou intrigado e indagou: "Como pode alguém nascer de novo? Como é possível retornar ao ventre da mãe e tornar a nascer?" Jesus entendia outra coisa e explicou-lhe: "Em verdade te digo: quem não nascer de novo pela água e pelo espírito não pode entrar no reino de Deus. O que nasceu da carne é carne, o que nasceu do espírito é espírito". Nicodemus estava ainda mais confuso e tornou a perguntar: "Como isto é possível?" Jesus respondeu-lhe assim: "Tu és mestre em Israel e ignoras estas coisas?" O Rabi, com certeza, quis dizer que a humanidade até hoje pensa que a vida é o corpo e com isso mergulha na pequenez da matéria; mas a dimensão mais alta da criatura humana é o espírito. É preciso renascer pelo espírito, tornar-se uno com o espírito, pois é nele que reside a grandeza, o amor, a felicidade, o poder, a sabedoria e Deus. É pelo espírito que a criatura humana alcança sua plenitude. Foi o que disse o amado Rabi a Nicodemus: "Quem nasce da carne é carne; quem nasce do espírito é espírito".

Cornelius admirou-se:

- Jamais filósofo algum falou como ele. Parece alguém que desceu de um planeta adiantado para mostrar um caminho que a humanidade desconhece.

Maria e Cornelius chegaram ao Jardim das Oliveiras, exatamente no momento em que Jesus e os discípulos se dispunham a ir à cidade.

O Mestre resolveu entrar pela Porta das Ovelhas. Contemplou os cinco pórticos das piscinas de Betesda, construídos por

O centurião que espionava Jesus a mando de Pilatos

Herodes, e chegou até as águas. As duas cisternas recolhem água da chuva, canalizada das encostas vizinhas, destinada a satisfazer as exigências dos sacerdotes, que só aceitam água ritualmente pura para lavar os animais que são sacrificados no altar do Templo.

Há muitos enfermos junto aos pórticos, alguns vindos do Aesculapium, asilo para enfermos, ali existente, bastante respeitado e prestigiado pelas autoridades. Todos os doentes acreditam que, de tanto em tanto, desce um anjo para agitar as águas e o primeiro que chegar à água será curado, seja qual seja o seu mal.

Jesus pôde ver ali cegos, coxos, tísicos, paralíticos, encurvados.

Aproximou-se de um paralítico:

- Há quanto tempo estás aqui?

- Há trinta e oito anos.

- Queres ser curado?

- Senhor – respondeu o enfermo – não tenho ninguém que me desça quando se agita a água; enquanto vou, desce outro antes de mim.

- Queres ser curado? – tornou o Rabi.

Simão aproximou-se do paralítico e incentivou-o:

- Ele pode curar-te. Acredita nele.

- Sim, claro que quero. É tudo que espero há trinta e oito anos.

Jesus tocou no seu ombro e voltou a indagar com bondade:

- Crês que eu posso te curar?

- Não sei quem tu és, mas acredito que podes curar-me. Vejo que és um homem de Deus.

Jesus tomou-o pela mão e falou, com poder:

100

Lauro Trevisan

- Levanta-te, toma o teu leito e anda!

No mesmo instante, o homem ficou são, tomou o seu leito e pôs-se a andar.

Os três fariseus que haviam abordado Cornelius se aproximaram do homem e o recriminaram:

- Hoje é sábado, não te é lícito carregar o leito.

O homem respondeu-lhes:

- Aquele que me curou, disse-me: "Toma o teu leito e anda".

Os fariseus barraram o homem e quiseram saber, indignados:

- Quem é esse homem que disse: "Toma o teu leito e anda?"

O curado não soube responder. Olhou ao redor, mas Jesus já tinha desaparecido no meio da multidão.

Mais tarde, o Rabi encontrou o curado no templo e recomendou-lhe mudança de vida. Então, o homem se foi e comunicou aos três fariseus que fora Jesus quem o tinha curado. Os escribas correram a informar os sacerdotes de que Jesus estava em Jerusalém e pervertia o povo, descumprindo as leis de Moisés.

O centurião que espionava Jesus a mando de Pilatos

15

Jesus novamente em Betânia fala de preconceitos da religião

O Mestre resolveu tomar o caminho de retorno a Cafarnaum.

De Jerusalém, seguiu direto para Betânia, tendo sido recebido com muita alegria por Lázaro, Marta e Maria. A comitiva foi novamente acomodada na mansão.

Lázaro quis saber como foi a estadia na capital. Os discípulos tomaram a dianteira e contaram maravilhas.

- Javé seja louvado! - exclamou Lázaro.

Marta, como sempre, encaminhou a ceia, enquanto que Maria, amorosa, sonhadora e espiritualista, fazia questão de estar junto do Rabi.

- Maria - disse-lhe Jesus, acariciando-lhe os cabelos ondulados - muito obrigado pela linda mensagem que me deixaste ao lado das flores. Ser recebido com tanto carinho é uma prova de que o amor e a fraternidade são o caminho de um mundo melhor. Teu coração está no reino dos céus.

Lauro Trevisan

Marta passou apressadamente por Jesus e brincou:

- Veja, amado Raboni, essa minha maninha querida sempre escolhendo a melhor parte.

Jesus sorriu.

Aos poucos, foram chegando os acompanhantes de Jesus. Maria Magdalena, Joana, Débora e Suzana foram à cozinha ajudar Marta. Simão e André pediram licença a Marta para preparar peixes à moda de Cafarnaum.

Na hora da ceia, Lázaro convidou Jesus a tomar lugar de honra à mesa e então acenou para os discípulos acomodarem-se.

Maria quis estar à esquerda do Rabi e Lázaro sentou-se à direita.

A mesa estava posta, com pão de trigo integral, lentilhas misturadas com ovos, cebola e alho, verduras, arroz e fatiados de ovelha. Jarras de vinho tinto foram distribuídas ao longo da mesa.

Lázaro pediu a Jesus que abençoasse.

Jesus ergueu a mão direita e orou:

- Pai amado! Glorifico-te nas pessoas queridas que puseste no meu caminho, algumas das quais estão aqui comigo e compartilham deste momento de felicidade e reino dos céus!

Pai adorado! Assim como estás em mim e eu em ti, assim também estes sejam um em nós!

Pai amoroso! Quero que estes, que me deste, estejam onde estou, para contemplarem a glória que me deste, pois que me amaste antes da criação do mundo!

Abençoa, Pai santo, o meu querido amigo Lázaro, a dedicada Marta, a doce e meiga Maria, e multiplica seus bens, para que celebrem a abundância da tua generosidade!

Pai querido! Abençoa cada um desses teus filhos e filhas e

O centurião que espionava Jesus a mando de Pilatos

derrama sobre o coração deles a plenitude do teu gozo e o prazer de fazerem parte da tua criação maravilhosa!

Abençoa, Pai celestial, esta refeição que vamos tomar e nos seja alento e saúde para o corpo e a mente! Amém.

- Amém! – bradaram felizes os presentes.

Lázaro levantou-se e solicitou alto e bom som:

- Taça na mão!

Todos ergueram as taças, fazendo brilhar o vermelho-escuro do saboroso vinho.

Lázaro ergueu bem alto sua taça doirada e conclamou, exultante:

- Um brinde ao querido Rabi da Galiléia e a todos os meus amados visitantes!

- Ave! – gritaram todos em uníssono, enquanto tilintavam as taças.

Súbito, Simão Pedro e André apareceram com bandejas de peixes fumegantes, evolando cheiro convidativo.

Os primeiros a serem servidos foram Jesus, Lázaro e Maria. Então, um a um, todos puderam saborear os pratos tradicionais das praias de Cafarnaum e Betsaida. Depois de alguns copos de vinho, a conversa tornou-se mais animada.

Judas Iscariotes deliciou-se com o vinho da sua taça e passou a sonhar com um palácio imperial, onde grandes reis e príncipes do mundo iriam prestar homenagem e vassalagem ao soberano Jesus. E eu – pensou em voz alta – Primeiro Ministro das Finanças.

- O quê? – perguntou Felipe, que ouvira o murmúrio do Iscariotes.

- Nada! – gesticulou Judas, enchendo novamente a taça.

Lauro Trevisan

Maria inclinou-se para Jesus e sussurrou:

- Amado Rabi, toda gente te admira. Teu coração amoroso acolhe a todos, sem discriminação. Vejo aqui várias mulheres que te acompanham e tu as valorizas. Mas, as nossas tradições não consideram a mulher. Dizem que deve ser submissa ao homem, que menstruação é impureza, sexo é impureza, parto é impureza. Como podem ser impureza se são obras do Criador? O Pai celestial faria algo impuro? Nossas leis são extremamente desumanas para as mulheres, pois somente a mulher é condenada ao apedrejamento se apanhada em adultério e somente a mulher é condenada à morte se não for casta até o casamento e somente a mulher pode receber carta de divórcio, o homem não. A mulher é discriminada no templo e nas sinagogas, sobrando-lhe lugar secundário. Deus a fez menor que o homem? Tu tens a sabedoria de Deus; orienta-me, por favor, querido Rabi!

Jesus enxugou os lábios depois de sorver um gole do delicioso vinho e disse-lhe:

- Minha boa menina, és muito inteligente, sagaz e culta. Tens a luz dentro de ti, por isso vês onde as pessoas não vêem. Tudo que foi feito pelo Pai é bom e perfeito. Homem e mulher foram e são obra do Criador. Ambos são o uno. O que o homem condena na mulher está condenando a si mesmo. O que dizes é fruto da prepotência. Tu mesma percebeste a aberração. Vim também para resgatar a mulher. Diante do meu Pai não há desigualdade e nem discriminação. Vim para aperfeiçoar a lei no que deve ser aperfeiçoada e mudar o que deve ser mudado.

André se aproximou de Jesus com uma bandeja fumegante e ofereceu:

- Experimenta esses peixinhos, Mestre. Estão uma delícia!

105

O centurião que espionava Jesus a mando de Pilatos

Saborosos e crocantes!

Jesus serviu-se e ofereceu a bandeja a Lázaro, que pôs no prato uma bela porção. Inclinou-se então o Nazareno para Maria e pediu licença para servi-la, deitando-lhe no prato alguns exemplares de peixinhos semi-torrados.

Lázaro comentou com Jesus:

— Soube da cura do paralítico na piscina probática. O homem jazia lá há trinta e oito anos?! Pobrezinho!

Bartolomeu ouviu a conversa de Lázaro e aproveitou para fazer uma pergunta, que permanecia entalada na garganta há muito tempo:

— Bom Rabi, sempre te acompanho e fico impressionado com as curas que fazes. Tu nos falaste do poder, mas não temos a força que tu tens. Que nome dás a essa Força que usas?

Jesus tornou a explicar:

— É a Força que rompe barreiras, cura enfermidades, tudo alcança e produz milagres. Chama-se FÉ.

Bartolomeu exclamou perplexo:

— Mas, só tu tens tamanho poder!

Os comensais captaram o teor da conversa e se voltaram para Jesus, extremamente interessados.

Simão, que sentara perto do Rabi depois de servir o peixe, entrou na conversa:

— Tu tens poder porque és o Messias, o enviado de Deus!

Maria Magdalena observou:

— O Rabi não cura apenas por ser enviado do Pai. Caso contrário ninguém mais poderia curar. No entanto, ele está incentivando a todos para pregar a boa nova do reino e exercer misericórdia curando os enfermos e livrando os cativos dos gri-

Lauro Trevisan

lhões da alma.

Jesus ouvia complacente.

João, o jovem discípulo, tomou a palavra:

- Lembram-se quando ouvimos o querido Rabi dizer que aquele que tiver fé fará as obras que ele faz e obras maiores ainda do que aquelas?

- E eu lembro também – acrescentou Mateus – que o amado Mestre ensinou-nos que tudo que se pede com fé, se alcança.

A conversa chegou aos ouvidos de todos e o entusiasmo foi a tônica geral.

Suzana não se conteve:

- Também recordo que ele nos disse que ter fé é crer na realização da palavra.

Simão levantou-se, pôs as mãos nos ombros de Jesus e pediu:

- Ensina-nos a curar.

Jesus estava gostando de ver os discípulos debaterem seus ensinamentos. Devolveu-lhes a palavra:

- Procurai lembrar o que vos ensinei.

- Dize-nos tu! – insistiu Simão.

- Calma! – pediu Magdalena. – Vamos pensar um pouco. Observei quatro métodos de cura usados pelo amado Rabi: a fé, a palavra, a imposição de mãos e o ritual.

- Como assim? - indagou Tomé.

Magdalena explicou:

- A fé. Quando nosso querido Rabi curava, dizia: "Vai em paz, a tua fé te curou!" "Seja feito conforme tua fé". O fato de o enfermo acreditar decididamente na cura e em Jesus, traduzia-se em resultado. Isso é fé. As demais formas de cura também depen-

O centurião que espionava Jesus a mando de Pilatos

dem da fé. Segunda: a cura pela palavra. Esta é o veículo da fé. Recordo que, ainda há pouco, junto aos pórticos de Herodes, nas cisternas de Betesda, nosso amado Mestre simplesmente disse: "Toma o teu leito e anda".

Joana emendou:

- Agora me veio à mente aquele dia, na casa de Cafarnaum, em que nosso querido Rabi disse para outro paralítico: "Moço, levanta-te, toma o teu leito e anda". E assim aconteceu.

Natanael também quis participar:

- Nosso bom Rabi sempre usou a palavra nas ocasiões em que alguém não tinha condições de agir por si.

- Por exemplo? – perguntou, incrédulo, Tomé.

- Quando curou um demente e ressuscitou um morto, para te dar apenas dois exemplos.

Magdalena prosseguiu, com serena alegria:

- A cura pela imposição de mãos é método muito comum e muito usado pelo nosso amoroso Rabi. E, para completar, também por meio de rituais ele fez curas.

- Esse método não lembro ter visto – anotou Débora.

- Querida, naquela ocasião em que cuspiu na mão e esfregou nos olhos do cego; na outra ocasião em que mandou os dez leprosos se apresentarem aos sacerdotes e, no caminho, ficaram curados.

Simão duvidou:

- Mas isto é ritual?!

- Penso que sim, querido amigo Simão. Ir apresentar-se aos sacerdotes foi o ritual necessário para a cura da lepra.

Maria, irmã de Lázaro, tentou ajudar a amiga:

- Li, na escritura, que o general Naaman, chefe do exército

do rei da Síria, sofria de lepra e foi ter com o profeta Eliseu para que o curasse. O profeta mandou banhar-se sete vezes no rio Jordão. Diante de tão grotesca ordem, o militar se irritou e se recusou, dizendo que na terra dele havia rios mais importantes que o Jordão. Ouvindo, porém, o conselho do servo, cumpriu o ritual e ficou curado.

Simão observou:

- Nosso amado Rabi citou, certo dia, esse fato.

Judas Tadeu objetou:

- Por que usar ritual se a fé e a palavra curam?

- Posso responder – apresentou-se Cornelius.

Todos olharam surpresos para o romano.

- O ritual exerce forte poder de sugestão, ou de fé, como dizeis. Para algumas pessoas céticas e dispersas, o ritual funciona. Faz o indivíduo concentrar-se na ação curadora. Ou não?

- E também – completou Marta – pode-se empregar todos os métodos numa só operação. Concordas, amado Raboni?

Todos olharam para Jesus.

Saindo do silêncio condescendente, Jesus explicou-lhes:

- Tomai como base a fé. Esta é a revelação que mudará a face da terra e o destino dos seres humanos.

Tomé, homem pragmático, não aceitou a generalização da afirmativa de que a fé tudo pode. Foi bastante categórico:

- Penso que nem tudo se consegue. Há muita coisa impossível. Nem tanto ao mar, nem tanto à Terra!

Maria Magdalena argumentou:

- O que é o impossível senão uma visão mensurada apenas pela mente consciente? A mente analisa, raciocina, averigua e conclui que é impossível, pois não vê saída. Sabeis, no entanto,

O centurião que espionava Jesus a mando de Pilatos

que muita coisa que ontem era impossível, hoje tornou-se possível, graças a novos conhecimentos surgidos. Mas, o amado Rabi ensinou que o que é impossível aos homens é possível a Deus. Pois bem, Deus habita o secreto do ser humano, como disse nosso querido Rabi, portanto não existe impossível. A matéria vê o menos, a mente vê o mais, o espírito vê o todo; a matéria pode pouco, a mente pode muito, o espírito pode tudo, porque é a centelha divina existente em cada criatura humana.

– Amado Raboni! – voltou a falar Maria, irmã de Lázaro e Marta. – Penso que a fé é a grande Luz que trazes à Terra. Ninguém mais poderá queixar-se da própria desgraça, do seu destino, da sua solidão, do seu abandono, da sua impotência diante de qualquer situação, porque tem dentro de si o poder de desfazer o mal e criar o bem. Tu disseste, e eu ouvi, certa vez, aqui em Betânia: "Tudo que pedirdes com fé, alcançareis!" Eu acredito em ti, pois tens palavras de vida eterna e és servido pela sabedoria e poder do Pai que está nos céus.

Jesus olhou para Maria, confirmando com a cabeça. Então, estendeu o olhar para todos e falou:

– Em verdade, em verdade, vos digo: passará muito tempo antes que essa verdade seja reconhecida. O sofrimento, a precariedade, a ignorância, cegam a visão interior. Vós sois mensageiros da salvação. Mas, a messe é grande e os operários são poucos!

Marta postou-se atrás de Jesus e proclamou:

– Agora, queridas amigas e amigos, é hora da sobremesa e das frutas. Convido minhas amigas a me ajudarem a trazer o que preparamos para esta noite.

Suzana, Joana, Débora e Maria Magdalena dirigiram-se à cozinha e retornaram com bolos, doces e frutas cristalizadas e em

Lauro Trevisan

calda. Simão e o jovem João se encarregaram de trazer duas grandes bandejas repletas de todo tipo de frutas da região.

Por fim, o delicioso licor, fabricado na quinta do próprio Lázaro, completou a agradável noite.

Quando Jesus retirou-se para seu aposento, como sempre aconchegante e caprichosamente preparado, encontrou sobre o travesseiro uma mensagem de Maria:

"Amado Raboni, dedico-te, com carinhoso boa-noite, o que disse o profeta no salmo 45: "Tu és o mais formoso dos filhos dos homens; a graça se derramou em teus lábios; por isso, Deus te bendisse para sempre".

O centurião que espionava Jesus a mando de Pilatos

16

O centurião volta a Cafarnaum

O percurso feito por Jesus e seu grupo de retorno a Cafarnaum foi pelo caminho de Jericó e do rio Jordão.

Muita gente se aproximou de Jesus pedindo a cura. Maravilhas iam acontecendo ao longo do trajeto.

Ao chegarem à povoação de Naim, numeroso povo acompanhava Jesus. Quando o Nazareno passou pela porta da cidade, deparou-se com um cortejo fúnebre, que levava para fora um defunto jovem, filho único de uma viúva. Muita gente vinha com ela, todos pesarosos com a desgraça. Jesus teve pena da mulher e disse-lhe:

- Não chores.

A mulher reconheceu Jesus e atirou-se sobre ele, num gesto de desespero, inundando de lágrimas o rosto do Rabi.

- Tem fé! – disse-lhe Jesus, comovido.

Aproximou-se do féretro e fez sinal para que os carregadores parassem.

O povo se juntou ao redor, pendente dos lábios do Rabi. Apenas algum gemido sufocado quebrava o silêncio.

Lauro Trevisan

Jesus olhou para o jovem morto e bradou com autoridade:

- Moço, eu te digo: levanta-te!

O jovem sentou-se e começou a falar.

Jesus restituiu-o à sua mãe.

A alegria transformou-se em festa, com o povo dando glória a Deus que visitou seu povo, enviando um grande profeta.

Cornelius estava cada vez mais maravilhado. Jamais um filósofo grego ou romano fizera coisa semelhante. Nem seus deuses conseguiam tão incrível façanha.

- Isto – pensou ele – não é coisa de mago, nem de charlatão, nem de endemoninhado, nem de louco. É coisa de Deus!

Antes de chegar em Cafarnaum, Jesus tomou consigo Simão Pedro, Tiago e seu irmão João. Subiu com seus três discípulos prediletos ao monte Tabor e transfigurou-se na presença deles: seu rosto resplandecia como o sol e suas vestes se tornaram brancas como a luz. Subitamente, apareceram Moisés e Elias, falando com ele.

Simão, extasiado com a visão, disse a Jesus:

- Senhor, como é bom estarmos aqui. Se for do teu agrado, vou armar três tendas: uma para ti, outra para Moisés e outra para Elias!

Estava ainda falando quando uma nuvem luminosa os envolveu e, de dentro da nuvem, ecoou uma voz:

- Este é meu filho amado, em quem pus a minha complacência; escutai-o!

Ao ouvirem a voz, os discípulos caíram de face em terra, transidos de espanto e temor.

Nunca souberam quanto tempo permaneceram nesse estado de estupor. Só se deram conta do que acontecia, quando Jesus

O centurião que espionava Jesus a mando de Pilatos

os tocou e disse:

- Levantai-vos e não temais.

Ergueram os olhos e não viram ninguém, senão Jesus. Ao descerem do monte, o Mestre recomendou que não contassem nada até que ele tivesse ressuscitado dos mortos.

Quando chegaram à planície, Jesus encontrou uma multidão ao redor dos discípulos e alguns escribas a discutir com eles. Perguntou o que estavam a discutir com os doutores da lei.

Antes que os discípulos falassem do seu fracasso na tentativa de curar um garoto, que sofria de epilepsia, o pai do menino se aproximou de Jesus e suplicou:

- Mestre, tem piedade do meu filho; é lunático e sofre terrivelmente; muitas vezes cai na água e no fogo, espuma, range os dentes e fica todo hirto. Pedi a teus discípulos para que expulsassem esse espírito do mal, mas eles não foram capazes.

Jesus irritou-se com os seus:

- Ó raça incrédula e perversa! Até quando estarei convosco? Até quando vos hei de suportar? Trazei-me o menino!

Quando o pai apresentou o garoto, este, de repente, caiu por terra e começou a agitar-se com violência, espumando.

- Há quanto tempo lhe acontece isto? – perguntou Jesus ao pai.

- Muitas vezes o espírito do mal dá com ele no fogo ou na água para o matar. Se puderes fazer alguma coisa, tem piedade de nós e ajuda-nos!

Tornou-lhe Jesus:

- Se eu puder? Quanto ao poder, quem tem fé tudo pode! Tens fé?

- Tenho fé! – exclamou o pai do menino, entre lágrimas.

Lauro Trevisan

Mas, muito confuso, pois já não acreditava que alguém pudesse curar o seu filho, implorou:

–Senhor, auxilia a minha falta de fé!

O povo se aglomerava cada vez mais numeroso em torno de Jesus, o pai e o menino.

Jesus usou a crença do pai do menino para libertá-lo da enfermidade que provocava os ataques.

Esconjurou o mal:

- Espírito do mal, eu te ordeno: sai dele e não tornes a entrar nele!

Num forte estertor, o mal deixou o garoto, que caiu prostrado e exausto.

Alguns dos presentes exclamaram, condoídos:

- Coitado, está morto!

Jesus tomou o menino pela mão e ele se pôs de pé, sorrindo feliz da vida.

Os discípulos, que tinham sido severamente repreendidos pelo Mestre porque não puderam curar o menino, chamaram Jesus à parte e indagaram:

- Por que razão não pudemos curar esse menino?

- Porque a vossa fé é pouca. Em verdade vos digo: se tiverdes a fé de um grão de mostarda que seja, e disserdes a este monte passa daqui para acolá – há de passar. Nada vos será impossível.

Os discípulos lembraram, então, a lição anterior, que tinham recebido sobre o poder da fé. Perceberam que o fracasso se deveu a que se deixaram dominar pelo medo e pelo sentimento de impotência diante das convulsões acompanhadas de espumação, contrações e ranger de dentes.

O centurião que espionava Jesus a mando de Pilatos

17

O servo do centurião às portas da morte

Após o episódio da cura do epilético, Cornelius partiu para Cafarnaum, pois tomara conhecimento de que seu servo dedicado e amigo estava passando mal.

Alguns anciãos judeus mandaram emissários a Jesus pedindo que curasse o servo do centurião, que era muito querido da família:

– Ele bem merece que lhe prestes esse favor, porque quer bem ao nosso povo e edificou-nos a sinagoga.

A todo galope, o centurião correu para casa. Viu seu servo às portas da morte e saiu às pressas ao encontro de Jesus, que já estava às portas de Cafarnaum. O centurião desceu do cavalo e suplicou-lhe:

– Meu bom Rabi, tenho um servo querido muito mal, à morte, com paralisia e sofre grandes tormentos.

– Irei curá-lo – disse-lhe Jesus.

Tornou-lhe o centurião:

– Meu amado Rabi, eu não sou digno de que entres em minha casa, mas basta que fales ao Verbo e o meu servo será

Lauro Trevisan

curado. Também eu, embora sujeito a outrem, digo a um dos soldados que tenho às minhas ordens: Vai acolá! – e ele vai; e a outro: Vem cá! – e ele vem; e a meu servo: Faze isto! – e ele faz.

Ouvindo isto, admirou-se Jesus da fé do centurião e do seu conhecimento sobre o poder do Verbo:

– Em verdade vos digo que nem em Israel encontrei tão grande fé.

Então, tranqüilizou o militar romano:

– Vai-te e faça-se contigo de acordo com tua fé.

Na mesma hora, o servo ficou curado.

Quando Cornelius chegou em casa, a alegria era indescritível. O servo e os familiares abraçaram o centurião, contando em que momento a febre e a doença tinham abandonado repentinamente o moribundo.

O centurião estava tomado de grande comoção. Ficou algumas horas com os seus, compartilhando a recuperação da saúde do seu amado servo.

Mais tarde, ainda emocionado e tocado pela gratidão, montou no seu vigoroso cavalo e galopou à procura de Jesus, murmurando, em estado de exaltação:

– Maravilhoso! Meu Rabi querido! Estou nas nuvens! Jamais esquecerei! És mais do que um ser humano!

Ele nem sabia o que estava dizendo, tamanha a explosão de felicidade.

Jesus tinha ido à casa da sogra de Pedro, que jazia no leito, caída em febre. Curou-a e a tomou pela mão, para que levantasse. No mesmo instante, a mulher levantou-se bem-disposta, preparou a comida e serviu o Rabi e seus discípulos. Enquanto isso, muita gente se reunia em torno da casa, esperando que o Rabi apareces-

O centurião que espionava Jesus a mando de Pilatos

se e lhes impusesse as mãos.

Depois de atender pacientemente a todos e dar-lhes uma mensagem de ânimo e de paz, Jesus foi caminhar às margens do Lago de Genezaré. Alguns discípulos o seguiram.

Um deles, de nome Joseph, achegou-se ao Mestre e expôs-lhe seus pensamentos:

- Meu bom Rabi, percorrendo os caminhos da vida, vejo pessoas inteligentes, pessoas cultas, pessoas que labutam de sol a sol pelo pão de cada dia, outros que ficam sentados na praça sem fazer nada. Por que essa diferença tão gritante?

- Vou responder-te com uma história.

Os demais discípulos e discípulas reuniram-se em torno do Rabi, para ouvir a resposta.

- Um homem de nobre linhagem – começou Jesus - partiu para um país longínquo a fim de obter a dignidade real e depois regressar. Mandou, por isso, vir à sua presença os seus servos e confiou-lhes seus bens. A um deu cinco talentos, a outro quatro, a outro três, a outro dois, e ao outro um, segundo a capacidade de cada qual. Quando o senhor retornou, foi pedir contas aos seus servos. O primeiro disse-lhe:

- Senhor, me entregaste cinco talentos; eis aqui mais cinco.

- Muito bem, servo bom e fiel – elogiou-o o senhor. – Porque foste fiel no pouco, te constituirei sobre o muito. Entra no gozo do teu senhor.

Veio o segundo e disse:

- Senhor, me deste quatro talentos; produzi mais quatro. Ei-los.

- Muito bem, servo bom e fiel – disse-lhe o senhor. – Porque foste fiel no pouco te farei dono de muito. Entra no gozo do teu senhor.

Assim aconteceu com o que recebeu três e o que teve à disposição dois talentos. Cada um produziu o dobro.

Apresentou-se então o que tinha recebido um talento e disse:

- Sei que és homem rigoroso, colhes onde não semeaste e ajuntas onde não espalhaste! Pelo que tive medo de ti e fui enterrar o teu talento. Aí tens o que é teu. Devolvo-te como recebi.

Respondeu-lhe o senhor:

- Servo mau e preguiçoso! Sabias que sou severo, que colho onde não semeei e junto onde não espalhei, por isso devias ter feito produzir o talento, colocando-o num banco para que, na minha volta, eu o recebesse com juros.

O senhor então ordenou:

- Tirai-lhe o talento e entregai-o ao que tem dez.

- Senhor - exortaram os servos - ele já possui dez talentos!

- Pois eu vos declaro - respondeu-lhes o senhor - que, ao que tem, dar-se-lhe-á e terá em abundância, mas ao que não tem, tirar-se-lhe-á ainda aquilo que tem.

- Mas, meu bom e justo Rabi - admirou-se Joseph - não lhe parece que o senhor da história cometeu injustiça ou, pelo menos, falta de consideração para com o coitado que tinha pouco e acabou perdendo tudo?

Suzana observou:

- Dizem os profetas que se deve ajudar os pobres e miseráveis, mas o senhor da história não agiu assim. Ao invés de tirar alguns talentos do que tinha dez, para dar ao que tinha apenas um, fez o contrário, parecendo demasiada dureza e insensibilidade.

O centurião que espionava Jesus a mando de Pilatos

Maria Magdalena pediu licença:

- Creio que é preciso olhar por outro ângulo a história do amado Rabi. A conclusão do senhor foi essa: "A quem tem dar-se-lhe-á ainda mais e terá em abundância; e, a quem não tem, tirar-se-lhe-á o pouco que tem". Não se trata de caridade e nem de distribuição de bens aos pobres, mas do funcionamento da lei que rege a vida humana. Vejamos se me faço entender. Quem tem, o conseguiu porque sua mente estava ligada no ter mais, na produtividade. A Palavra é o ato criador. O pensamento, o pedido, produz o resultado do conteúdo do pensamento, do pedido. Pensamento de fé em ter mais, produzirá mais. Pensamento acreditado em ter menos, acrescentará menos ao pouco, quer dizer, acrescentar menos ao pouco é o caminho do nada.

Joana lembrou:

- Parecido com o que disse nosso querido Rabi, tempos atrás: "Cada qual colhe o que semeia". Quem semeia abundância, colherá abundância; quem semeia privações, colherá mais privações.

Em pouco tempo, muitas pessoas aglomeraram-se junto de Jesus. Uns queriam conhecê-lo; outros abraçavam-no, agradecendo a cura; outros ainda estavam ansiosos por ouvir sua palavra.

Jesus era incansável. Imaginava aquela gente maravilhosa como ovelhas sem pastor. Falou-lhes do pastor que cuida das ovelhas, guarda-as, à noite, no aprisco e não deixa que nenhuma se perca.

Encerrou sua palavra, dizendo:

- Eu sou o bom pastor!

João aproximou-se do Rabi, com alguns discípulos, e fez uma denúncia:

Lauro Trevisan

- Amado Rabi, vimos, há pouco, um homem que curava e pregava em teu nome e o proibimos, porque não era dos nossos. Está usurpando o nosso direito e nos imitando, porque não pertence ao nosso grupo.

Jesus corrigiu a mentalidade deles:

- Não lho proibais. Porque quem realiza obras poderosas em meu nome, logo não pode dizer mal de mim. Quem não é contra vós, é por vós.

Simão discordou:

- Mas, meu bom Rabi, eu acho que deve ser expulso e proibido, pois é um aproveitador.

Natanael manifestou-se:

- Nosso querido e sábio Rabi tem toda razão. Assim como qualquer pessoa pode se beneficiar do sol, que não pertence a ninguém individualmente, mas a todos, assim penso que não somos proprietários do bem, da verdade, de Deus e do poder que o Pai nos concedeu. Eu pergunto: Por que não poderá alguém aprender o bem e a verdade e espalhá-los por toda parte, sem pertencer ao nosso grupo?

Jesus deixou que refletissem sobre o assunto.

O centurião que espionava Jesus a mando de Pilatos

18

O centurião vai com Jesus a Gérasa

Cornelius encontrou Jesus na praia. Desceu do cavalo e saudou, felicíssimo, o Rabi, inclinando-se respeitosamente. Então, deu afetuoso abraço em Jesus, com estas palavras:

- Meu bom e generoso Rabi, não tenho como agradecer-te. Tu sabes tudo, sabes o que se passa no meu coração. Jamais esquecerei teu gesto para com meu amado servo.

Jesus sorriu bondosamente e convidou-o a ir até Gérasa, do outro lado do mar.

O centurião não podia recusar. Entregou o cavalo a um soldado e esperou o momento do embarque.

Ao cair da noite, os discípulos despediram o povo e Jesus disse a Simão Pedro que encostasse seu barco.

- Vamos a Gérasa - determinou.

Durante a viagem, Jesus, cansado da jornada, envolveu-se num longo manto e inclinou a cabeça sobre confortável travesseiro, na popa, e adormeceu. No outro barco, viajavam o centurião, Maria Magdalena, Suzana, Débora, Joana, e outras mulheres, mais alguns simpatizantes. O comandante procurava acompanhar o barco principal de Simão Pedro.

Acomodado na popa, enrolado na sua capa, o centurião tentou ordenar seus pensamentos: era soldado romano, tinha compromisso com Pilatos e sua formação disciplinar impunha que continuasse respondendo pela responsabilidade assumida. Prosseguiria vigiando os passos do Rabi, embora já tivesse certeza de que não havia nenhuma incompatibilidade com Roma. É verdade que certos saduceus e alguns escribas fariseus faziam oposição ferrenha a Jesus e queriam porque queriam apanhar o Mestre em erros e blasfêmias, para entregá-lo às autoridades de Jerusalém. Entre os inimigos do Rabi, Cornelius agora acrescentou alguns herodianos, os eternos bajuladores do poder, que buscavam encontrar motivo para acusar o Rabi perante Herodes Antipas. Outra consideração mais delicada se referia a Pilatos: não ignorava que o prefeito detestava os judeus e tinha gosto pela repressão. Mas eu sei – refletia ele – quem é Jesus. De tanto espioná-lo, posso fazer avaliação isenta. Vejo-o como um sol nesse universo humano. Seja utopia ou não o que ele prega, a verdade é que se trata de uma criatura maravilhosa, sábia, magnânima, desapegada de interesses econômicos e políticos; um ser da mais alta evolução, por seu poder milagroso e seu senso de justiça; acima de tudo, um homem misericordioso, compassivo, amoroso e pacificador de almas.

Olhou, então, para os companheiros e companheiras de barco e viu que todos dormiam, enrolados em seus mantos.

Alta madrugada, ventos fortes e impetuosos começaram a soprar e desandou violenta tempestade. Todos acordaram e olhavam aflitos para o comandante, que fazia o possível e o impossível para manter o barco sobre as águas agitadas.

O centurião que espionava Jesus a mando de Pilatos

No primeiro barco, Simão Pedro, André, Tiago, João, Felipe e os mais afeitos ao mau tempo do mar da Galiléia, se desdobravam em esforços para dominar o barco, que adernava perigosamente, ameaçando naufrágio. Os discípulos, apavorados, tentavam sobrepujar as ondas gigantescas, que jogavam água para dentro da embarcação. O mastro maior rangia ao sibilar do vento. O outro barco também corria risco iminente de naufrágio.

Quando a situação tornou-se insustentável, os discípulos, tomados de terror, acordaram Jesus, bradando:

- Senhor, estamos indo a pique! Salva-nos, senão pereceremos todos.

Jesus ergueu-se e, com poder e majestade, disse ao Lago:

- Cala-te! Fica quieto e não perturbes a nossa travessia!

Imediatamente os ventos serenaram, as ondas voltaram ao normal e o barco deslizou suavemente sobre o manto negro das águas.

Os discípulos ficaram tremendamente assombrados. Nunca tinham visto coisa igual.

- Realmente, este é o enviado de Deus! - pensou Natanael.

- Amado Rabi! - exclamou Simão - tu és o filho de Deus!

Jesus os advertiu:

- Por que esse medo? Ainda não tendes fé? Não sabíeis que estando comigo, nada de mal vos pode acontecer? Não ouvistes que tudo que pedirdes em meu nome vo-lo concederei? Tendes muito que aprender!

Quando o Mestre recostou-se novamente, André cochichou para Simão Pedro:

- Que poder! Até o vento e o mar lhe obedecem como cordeirinhos.

O jovem João murmurou para os dois:

- Lembro agora quando ele disse que se tivermos a fé de um pequenino grão de mostarda moveremos montanha.

- Será que algum dia chegaremos a tanto? – duvidou Tomé.

- Ele sempre foi claro nas suas revelações e nunca se desdisse – observou Mateus. – Certa vez, diante da incredulidade das pessoas, e até de alguns de nós, foi incisivo: "Passarão o céu e a terra, mas minhas palavras não passarão".

Felipe lembrou:

- Ele disse também: "Não mudarei um til sequer de tudo que vos tenho ensinado".

No outro barco, Maria Magdalena murmurou para Cornelius:

- Foi Jesus!

O restante da travessia foi lenta, mas tranqüila.

Aportaram a leste, na região de Gérasa, uma das dez cidades da Decápole. Subiram a encosta e seguiram por depressões ermas, onde havia algumas sepulturas. De repente, saltou, de um dos habitáculos dos mortos, um louco, nu, aspecto medonho, desgrenhado, que passou a gritar impropérios contra Jesus e seu séqüito. Era um pobre desgraçado, abandonado pelos pais, por ser a vergonha da família, com suas atitudes de nudez e comportamento de extrema violência. Várias vezes tentaram os policiais agarrá-lo, mas não conseguiram, devido à força tremenda que ele desencadeava, típica de demente furioso.

Jesus ficou com pena do infeliz e perguntou-lhe:

- Como é teu nome?

- Legião! – gritou o louco. – Somos muitos! Não te metas comigo! Já rompi grilhões, portões, grades e desmantelei solda-

O centurião que espionava Jesus a mando de Pilatos

dos! Vai-te embora.

O centurião sorriu da petulância do demente. "Uma legião romana – pensou consigo – é formada por 5.000 homens armados. Pobre coitado! Nem sequer falou em coorte, destacamento menor, de 500 soldados; nem se contentou com uma centúria, como a minha, de cem homens. Legião! Ora, legião! Pretensão de louco!" Mas, Cornelius ficou compadecido do desgraçado.

- Vou libertar-te desse mal que te atormenta, não importa se és Legião ou qualquer outra coisa – falou Jesus, se aproximando corajosamente.

- Por favor – gritou desesperado o louco – não me agarres, não me expulses dessas terras. Ninguém gosta de mim, ninguém me suporta! Os soldados querem me matar! Mas eu sou legião e ninguém pode contra mim. Estes montes e sepulcros são meu único refúgio, porque aqui ninguém chega. Todos têm medo dos mortos. Eu sou um morto!

Jesus teve pena do moço, cuja linguagem perturbada e contraditória revelava seu estado lastimável.

- Vou livrar-te do teu mal – disse serenamente Jesus, mostrando-se compassivo e amigo.

- E o que faço com a legião que me defende? Pelo menos, manda que entrem nesses porcos que andam por aí fuçando os sepulcros.

- Vem cá, meu querido! – falou-lhe Jesus com brandura. - És filho de Deus e não do mal. Vou libertar-te e livrar-te da tua maldição!

Instintivamente, o moço jogou-se aos pés do Jesus.

- Sê livre do teu mal e não tornes a cair nessa desgraça! És

Lauro Trevisan

filho de Deus e como filho de Deus passarás a viver daqui por diante!

O moço deu um tremendo grito de libertação, como se houvesse o rompimento de cinco mil grilhões e sentiu-se livre e calmo. Mas os porcos se assustaram e desandaram barranco abaixo, despencando-se no Lago.

Muita gente da redondeza correu para ver o que acontecia e, ao ver o homem dos sepulcros aí sentado, vestido, em perfeito juízo, uns deram graças a Deus, outros ficaram irritados com a perda dos seus porcos, tanto que esses proprietários intimaram Jesus a sair do território geraseno.

O homem liberto estava imensamente agradecido a Jesus e pediu para o seguir.

Jesus acariciou seus cabelos e disse-lhe:

- Volta para casa e conta às pessoas o quanto te fez Deus.

O moço aceitou a palavra do Mestre como missão e passou a relatar a toda gente o milagre que lhe acontecera. Muitas outras vezes esteve com Jesus para ouvir-lhe a mensagem e transmiti-la às gentes.

Natanael comentou:

- Aí está. Jesus convidou o moço a fazer o bem, sem pertencer ao nosso grupo!

O centurião que espionava Jesus a mando de Pilatos

19

Em Betsaida

De Gérasa, Jesus passou para Betsaida, povoação piscatória, situada sobre um outeiro ao norte do Mar da Galiléia, perto da desembocadura do rio Jordão no Lago. Simão Pedro, André e Felipe ficaram contentes de rever a terra natal. No caminho, o cortejo de Jesus encontrou trabalhadores extraindo pedras do contraforte basáltico e curou alguns enfermos.

Herodes Felipe tinha certa predileção por Betsaida. Embelezou a cidade, construiu um belo palácio para si e mudou o nome da pequena cidade para Júlias, em homenagem à Júlia Lívia, mãe do imperador Tibério e esposa de Augusto.

- Betsaida - disse Simão aos companheiros - significa casa de pesca.

Maria Magdalena aproximou-se de Suzana e falou-lhe:

- Lembras-te daquele caso que contei do cego que Jesus curou usando o ritual da saliva?

- Sim.

- Pois foi aqui na entrada da cidade. Apresentaram ao Rabi um cego rogando que o tocasse e o curasse. Jesus tocou-lhe os olhos com saliva, impôs-lhe as mãos e perguntou-lhe:

- Enxergas alguma coisa?

- Vejo andar homens como árvores – respondeu o homem, fazendo esforço com os olhos.

Novamente Jesus impôs as mãos sobre os olhos do homem e a cura foi completa, de tal modo que distinguia nitidamente todas as coisas.

O cego e seus acompanhantes vibraram de alegria.

- Que maravilha! – exclamou Suzana.

Jesus passou pela cidade, atraindo grande multidão. Queriam vê-lo, tocá-lo, ouvi-lo.

Alguns servidores do palácio de Herodes Felipe se aproximaram do centurião e o interrogaram.

- Vemos que estás vigiando o Nazareno. Sabes que Nazaré tem sido ninho de zelotes e revolucionários nacionalistas. Dize-nos: Esse homem é perigoso? Não poderá promover guerrilhas e desordens, com toda essa gente que o segue fascinada?

- Estou atento. Melhor será que vós mesmos verifiqueis. Ele anda sempre às claras, transmite sua mensagem para todas as pessoas, sem distinção.

Jesus subiu, com seu grupo, ao alto, numa bela região perto de Betsaida. O povo não deixava de segui-lo, aonde quer que fosse.

Vendo tanta fé e boa vontade, Jesus lhes falou do novo reino.

- Em verdade, vos digo: meu reino não é deste mundo em declínio, onde domina a força, a hipocrisia, a violência, a exploração e a miséria. Vim trazer a boa nova aos pobres e ensinar-lhes o caminho da abundância, porque meu Pai trata a todos com igual

 *O centurião que espionava Jesus a mando de Pilatos*

amor! Vim pregar a liberdade aos cativos, acorrentados pelos grilhões da escravidão e da opressão. Vim trazer-vos o amor, o reino dos céus e a paz. Vim abrir os olhos aos cegos e libertar a humanidade de seus males e sofrimentos.

O povo o escutava em absoluto silêncio e sua voz ecoava solene pelas canhadas da região.

- Vinde a mim vós todos que vos achais doentes, sobrecarregados, deprimidos, oprimidos, e vos aliviarei. Não seja mais a espada a dominar os povos, mas a paz.

20

O milagre dos pães e dos peixes

O Mestre seguia transmitindo sua palavra à imensa multidão, que a esta altura chegava a mais de cinco mil pessoas:

- Para mim, vós não sois servos, nem escravos, mas amigos. O amigo é como o bom pastor que dá a vida por suas ovelhas. Eu dou a minha vida pelas minhas ovelhas. Não temais as forças do mal que atentarem contra vós. No Espírito está a vossa força e poder. Não vos julgueis abandonados, porque eu estarei convosco todos os dias até a consumação dos séculos.

Diante de Jesus estavam algumas pessoas abatidas, sofridas, portadoras de várias enfermidades e ele as curou.

O tempo avançava e as primeiras horas do entardecer começavam a pairar na colina relvada.

Simão Pedro, André, Judas Iscariotes e Natanael aproximaram-se de Jesus, aconselhando-o a despedir o povo, para que tivesse tempo de ir às vilas e povoados em busca de alimento.

- Dai-lhes vós de comer! - mandou o Rabi.

- O quê?! - exclamou Pedro, num repente. - Não temos mais que cinco pães e dois peixes. Teríamos que descer às com-

O centurião que espionava Jesus a mando de Pilatos

pras, pois são mais de cinco mil.

– E isto custaria muito dinheiro! – reclamou Judas Iscariotes, o caixa do grupo.

Felipe acrescentou:

– Duzentos denários de pão não seriam suficientes para que cada um receba um pedacinho!

– Mandai que se sentem em grupos de cinqüenta – ordenou Jesus.

Todos os discípulos trataram de cumprir as ordens do Mestre.

Cornelius observava atento:

– Só quero ver onde vai conseguir tanto alimento.

Tomé estava cético:

–Mandou o povo sentar-se na relva e nós só temos cinco pães e dois peixes!

Jesus tomou os cinco pães e os dois peixes, ergueu os olhos para o Alto e abençoou-os. Em seguida, partiu-os e deu-os aos discípulos para que distribuíssem ao povo. Comeram todos, ficaram fartos e ainda encheram doze cestos com as sobras.

O povo estava maravilhado e cantava salmos e loas a Deus e ao maior profeta que Javé tinha enviado à terra.

Jesus mandou os discípulos tomarem o barco e seguirem para a outra margem, que ele iria despedir as gentes e se encontraria posteriormente com eles. Enquanto a multidão descia o monte aos bandos, cantando e glorificando a Deus, Jesus subiu mais acima para orar.

21

Jesus e Pedro caminham sobre as águas

A noite ia alta. O barco avançava com dificuldade devido ao mar revolto. Era o período das tempestades. Tinham remado cerca de trinta estádios, quando viram um vulto branco andando sobre as águas. Alguns ficaram aterrorizados, pensando tratar-se de um fantasma.

- Não temais! Sou eu! – falou Jesus, a certa distância.

Simão Pedro, sempre o mais afoito, ergueu-se e bradou com a alegria de uma criança:

- Senhor, se és tu, manda que eu vá sobre as águas até onde estás!

- Vem! – concordou o Rabi.

Os companheiros ficaram aflitos:

- Esse homem vai se afogar! As águas estão agitadas!

Tomé não se conteve:

- Não te arrisques, Pedro! O mar está bravo!

Pedro, na sua empolgação, não pensou duas vezes e saltou do barco sobre as águas.

- Fantástico! – prorromperam os companheiros.

O centurião que espionava Jesus a mando de Pilatos

- Incrível! Ele está andando sobre as ondas! - espantou-se Tiago.

- Cuidado, Simão, que o mar está revolto! Volta, antes que te afogues! - berrou Tomé.

Súbito, Pedro avistou uma grande onda que se aproximava ruidosamente, assustou-se e começou a afundar.

No desespero, gritou:

- Senhor, salva-me!

- Eu disse! - repreendeu Tomé.

Jesus tomou Pedro pela mão e o conduziu ao barco, censurando-o:

- Por que duvidaste, homem de pouca fé?

Ao sinal do Rabi, o vento cessou, as estrelas brilharam no alto e a lua surgiu no céu a navegar sobranceira sobre a noite, deixando réstias de prata sobra as águas.

Durante a travessia, os discípulos se perguntavam como era possível caminhar sobre a água.

O centurião pensava em alguma mágica estupenda.

Maria Magdalena, sentada ao lado de Joana, esposa de Cuza, administrador de Herodes, tentava explicar que quando o espírito sobrepuja o corpo, este torna-se leve, capaz de sobrepor-se a qualquer peso.

- Como assim? - quis mais explicações Mateus.

- O Mestre disse, certa vez, que o espírito é forte e a carne é fraca. O espírito forte domina a matéria. Imagino que seja isso, mas não sou a sabedoria ambulante - brincou ela.

- Conta-nos, Simão, o que aconteceu contigo - pediram os companheiros.

Simão relatou os dois momentos pelos quais passou, mas

Lauro Trevisan

garantiu que a experiência fora incrível.

O centurião parecia alheio ao que se passava ao redor. Recordava as palavras do Rabi, no monte: "Em verdade, vos digo: Meu reino não é deste mundo em declínio, onde domina a força, a hipocrisia, a violência, a exploração e a miséria. Vim trazer a boa nova aos pobres e ensinar-lhes o caminho da abundância, porque meu Pai trata a todos com igual amor! Vim pregar a liberdade aos cativos, acorrentados pelos grilhões da escravidão e da opressão. Vim trazer-vos o amor, o reino dos céus e a paz. Vim abrir os olhos aos cegos e libertar a humanidade de seus males e sofrimentos". Estaria ele pensando em libertar o povo do jugo romano? Que tipo de linguagem estaria Jesus falando?

Pouco depois, aportaram em Cafarnaum.

O centurião que espionava Jesus a mando de Pilatos

22

A cura da hemorroíssa e outros milagres

Estavam, ainda, o Rabi e seus acompanhantes na praia de Cafarnaum, quando apareceu um chefe da Sinagoga, de nome Jairo. Era magistrado. Chegou a Jesus, em dolorosa súplica:

- Minha filhinha está para morrer. Vem impor-lhe as mãos para que tenha saúde e vida!

Jesus sentiu profunda compaixão pelo sofrimento do homem e disse-lhe:

- Irei curá-la.

Enquanto ele caminhava pelas ruas, uma multidão o seguia, com grande burburinho.

O centurião ordenou a dois soldados para que mantivessem a ordem pública.

De repente, abriu-se uma janela da casa por onde passava o Rabi e apareceu uma mulher que sofria de um fluxo de sangue persistente. Tinha padecido muito nas mãos de médicos, com os quais gastara toda sua fortuna, sem melhora alguma; pelo contrário, sentia-se cada vez pior. Ela tinha ouvido falar de Jesus e percebeu que aí estava a sua grande oportunidade.

Lauro Trevisan

Pensou, enquanto colocava a sandália: "Sei que é enviado de Deus, faz milagres, cura as pessoas e tem palavras de amor. Vou ter com ele. Se lhe tocar o manto sequer, serei curada!

Saiu à rua, embrenhou-se no meio do povo, repetindo resolutamente: "Se lhe tocar o manto sequer, serei curada".

Teve que usar de força e determinação para furar o bloqueio dos que circundavam o Rabi, até que conseguiu tocar-lhe o manto. Imediatamente ficou livre do seu mal. Jesus voltou-se para os discípulos e perguntou:

- Quem me tocou?

- Mestre – falou Simão Pedro – bem vês que o povo te comprime e ainda perguntas: "Quem me tocou?"

Jesus olhou para a mulher curada. Esta ficou trêmula e assustada, como se tivesse usurpado alguma energia do Mestre indevidamente. Prostrou-se aos pés do Rabi e confessou:

- Meu amado Senhor, fui eu! Sabia que tu eras misericordioso e vieste da parte de Javé para libertar as pessoas dos seus sofrimentos, por isso acreditei que me irias curar. Perdoa-me se não falei antes contigo.

Jesus acariciou seus cabelos e disse-lhe:

- Levanta-te, minha filha. A tua fé te salvou. Vai-te em paz e sê curada do teu mal!

Enquanto Jesus falava com a mulher, chegou gente da casa de Jairo e avisou-o:

- Não adianta mais incomodar o Mestre. Tua filha acaba de morrer.

Jesus entreouvira o recado e acalmou o chefe da sinagoga:

- Não temas. É só teres fé.

Cornelius, ao saber de Jairo, aproximou-se do amigo e

O centurião que espionava Jesus a mando de Pilatos

incentivou-o a confiar no Rabi. E contou-lhe a cura do seu servo.

Ao chegarem à casa do magistrado, Jesus só levou consigo Simão, Tiago e João, o jovem discípulo predileto. Havia grande alvoroço, choro e lamentos na casa.

Jesus acalmou a todos:

- Por que esse alvoroço e esse choro? A menina não está morta; apenas dorme!

As pessoas olharam-no com certo desdém e não contiveram um risinho nervoso.

Jesus mandou saírem todos, pois eram presença perturbadora e negativa. Fez entrarem apenas o pai, a mãe e seus três discípulos mais chegados.

Tomou a menina pela mão e disse-lhe com redobrado amor e poder:

- Talitha cumi!

A essa ordem de "Menina, eu te ordeno, levanta-te", a garota, de doze anos, ergueu-se do leito e pôs-se a andar.

Jesus beijou-lhe o lindo rostinho e mandou que lhe dessem de comer.

O pai, a mãe, os familiares e amigos, todos choravam de emoção e felicidade.

Cornelius abraçou o amigo magistrado e retirou-se, profundamente impressionado com o que presenciara. Viu algumas pessoas ligadas a Herodes, cumprimentou-as e voltou ao quartel.

Jesus, acompanhado dos discípulos e discípulas, dirigiu-se à sua casa, nos confins de Zabulon, lavou-se e descansou, enquanto Maria Magdalena e Maria de Cléofas preparavam pão integral de trigo, lentilha e peixe, para a refeição.

O povo voltou a aglomerar-se junto à porta, implorando a

Lauro Trevisan

cura dos seus doentes.

Apenas o Rabi tinha acabado de comer, quando quatro homens apareceram com um paralítico numa maca. Como era impossível entrar pela porta, abriram o telhado e desceram o paralítico diante do Rabi, que se admirou da fé daquela gente. Disse ao paralítico:

- Tem confiança, filho, os teus pecados te são perdoados!

Os escribas contestadores, que lá estavam observando atentamente, cochicharam entre si: "Este homem blasfema! Quer se fazer de Deus, pois só Javé pode perdoar pecados. É um excomungado!"

Jesus, que sabia dos seus pensamentos, olhou para eles e falou:

- Por que estais a pensar mal em vosso coração? O que é mais fácil: dizer "Estás liberto dos teus males ou levanta-te e anda?" Se o interior estiver doente, como pode o exterior estar saudável? Como poderá curar-se alguém se o íntimo permanece no mesmo estado cativo do mal? Para que saibais que esse homem está perdoado e livre do seu mal, escutai o que eu digo:

- Moço, levanta-te, toma o teu leito e vai para casa!"

O homem não esperou um segundo: ergueu-se firme e voltou para casa com seus familiares, festejando a cura e anunciando que Deus mandara um grande profeta a Israel.

No outro dia, sábado, Jesus entrou na sinagoga para falar ao povo judeu. Havia aí um homem com uma das mãos atrofiadas, trazido por alguns escribas fariseus, que não simpatizavam com o Rabi. Queriam testá-lo a ver se violava o sábado, para terem motivo de desmoralizá-lo junto ao povo, como profanador da lei de Moisés e, assim, denunciá-lo diante das autoridades judaicas.

139

O centurião que espionava Jesus a mando de Pilatos

O Mestre, sabendo das intenções malévolas daquele grupinho, falou:

- Se alguém de vós possuir uma única ovelha e esta cair numa cova em dia de sábado, não se empenhará para tirá-la? Ou terá que deixar que pereça o animal? Ora, quanto mais vale um homem do que uma ovelha! Então, eu vos pergunto: Devo deixar atrofiado esse pobre homem por ser hoje sábado? A lei foi feita para o homem e não o homem para lei. Muitos se arvoram em paradigmas da Lei; querem tirar uma palhinha do olho do irmão, mas não enxergam a trave no próprio olho. Bem que se poderia dizer: Médico, primeiro cura-te a ti mesmo. Certos puritanos defensores da lei são como sepulcros caiados: lindos por fora, exigentes com os outros, mas por dentro há podridão. Impedem que se pratique o bem em dia de sábado e praticam o mal o tempo todo. Digo-vos, sim, que é lícito praticar o bem em dia de sábado, como em qualquer outro dia.

Em seguida, Jesus aproximou-se do defeituoso e disse-lhe:

- Estende a mão!

O homem estendeu-a e, ao toque de Jesus, a mão se tornou tão saudável quanto a outra.

Os fariseus raivosos e os herodianos presunçosos, que lá estavam, saíram apressadamente e deliberaram matar o Rabi.

Jesus orou: "Glorifico-te, Pai, Senhor do céu e da terra, porque ocultaste estas coisas aos doutos e entendidos e as revelaste aos pequeninos".

Fora, João e Tiago comentaram com Jesus:

- Tanto bem que fazes e os olhos de muita gente ainda permanecem fechados.

Jesus resolveu sair para os arredores de Cafarnaum. Che-

Lauro Trevisan

gou, com alguns discípulos e discípulas, ao alto de uma colina verdejante e sentou-se na relva. Contemplou a cidade, com certa tristeza e profetizou:

- Cafarnaum, Cafarnaum! Elevar-te-ás até o céu? Não, até o inferno serás abismada! Porque, se em Sodoma se tivessem feito sinais de poder que em ti se fizeram, até hoje existiria.

Olhou para os seus e continuou:

-Declaro-vos que, no dia do juízo, Sodoma terá sorte mais benigna do que Cafarnaum! Também tu, Corozaim! Também tu, Betsaida! Se em Tiro e Sidon se tivessem operado as maravilhas que em vós foram realizadas, teriam sorte mais abençoada e benigna que vós!

Simão perguntou preocupado:

- Essas três cidades desaparecerão?!

- Sim! – respondeu o Rabi.

Jesus tomou o caminho das plantações, percorrendo-o com os discípulos, por entre as searas. Como estavam com fome, os discípulos arrancaram espigas para comer.

Os inimigos de Jesus, que o seguiam de longe, correram furiosos e verberaram:

- Olha aí, Mestre! Os teus discípulos estão fazendo o que não é permitido fazer em dia de sábado. Onde está o respeito à lei? Que mau exemplo teus discípulos estão dando! És um contraventor. Ou te julgas acima do bem e do mal?

Jesus simplesmente lhes respondeu:

- Não lestes o que fez Davi quando estavam com fome, ele e seus companheiros? Como entrou na casa de Deus e comeu os pães da proposição, que nem ele nem seus companheiros podiam comer, senão somente os sacerdotes? Ou não lestes na lei que

O centurião que espionava Jesus a mando de Pilatos

os sacerdotes do templo, nos sábados, deixam de observar o descanso sabatino e ficam sem culpa? Oxalá compreendesseis o sentido desta mensagem: "Misericórdia é o que eu quero e não sacrifício".Então, não condenaríeis inocentes. O sábado foi feito por causa do homem e não o homem por causa do sábado. Isso até os saduceus defendem. Em verdade vos digo que o Filho do homem é senhor do sábado.

Os reclamadores não souberam o que responder e se retiraram, espumando de raiva. Já não suportavam mais sequer a presença do Rabi. Era carta que devia ser jogada fora do baralho.

Um deles, de nome Ruben, saiu furioso, chutando as pedras soltas do caminho e vociferando:

- Esse homem não pode continuar a perverter as pessoas. Não cumpre a Lei e induz os outros a não cumprirem. Os romanos são romanos, os gregos são gregos, mas esse aí passa por judeu e publicamente viola muitos dos nossos preceitos.

Efraim concordou:

- É pedra de tropeço para a nossa lei.

Jonas, homem calmo, escriba estudioso, ponderou, coçando a barba, com certa hesitação:

- Mas ele conseguiu bons argumentos em defesa do que seus seguidores faziam.

- O que?! - faiscou Ruben. - És também um deles?!

- Estava apenas ponderando – desculpou-se Jonas.

- Temos que liquidar com ele, antes que perverta o nosso povo – invectivou Ruben.

Lauro Trevisan

23

Ser como as crianças, eis a questão

Jesus e seu grupo seguiram pelos caminhos dos arredores de Cafarnaum. Pararam numa relva para descansar. Maria Magdalena estendeu um manto sobre o tapete verde do campo a fim de que Jesus pudesse sentir-se confortável. Os discípulos acomodaram-se por aí.

De repente, surgiu um bando de crianças correndo para o Rabi, aos gritos de alegria, enquanto os pais vinham mais atrás, um tanto esbaforidos.

Pedro, Judas Tadeu, Tiago e João trataram de atacar as crianças:

- Calma! Calma! Nada de gritos, que o Rabi está descansando!

- Voltem! - gritou Simão Pedro, abrindo os braços para conter a garotada.

- Não cheguem! Agora não! – gritou Tiago.

Jesus acordou com a algazarra, apreciou a cena e então bradou:

- Deixai vir a mim as crianças. Não as embargueis! Deixai

143

O centurião que espionava Jesus a mando de Pilatos

que venham a mim, porque delas é o reino dos céus.

Maria Magdalena, Joana, Maria de Cléofas, Suzana, Julia e Judite acolheram, com sorrisos e carinho, a criançada que se aninhou feliz nos braços do Mestre.

Jesus acariciou os pequeninos, brincou com eles e perguntou o nome de cada um.

- Tu tens barba bonita! – disse a pequena Isabel. Quem te deu essa barba?

- Meu Pai que está nos céus – brincou Jesus.

- Onde fica o céu? – perguntou Miriam, com seus olhinhos brilhando de alegria.

Jesus sorriu e respondeu, passando a mão nos cabelinhos castanhos da pequena:

- Pergunta para esses homens aí.

- Eles são muito bravos! – retrucou Miriam, olhando para Simão Pedro, que queria impedi-la de chegar ao Mestre.

Jesus levantou os olhos até Pedro, piscou-lhe, e fez sinal para que se explicasse.

Pedro, quase engasgando a voz, acocorou-se junto de Miriam e justificou-se:

- Mimosinha Miriam! Quando vocês chegaram, o Rabi estava descansando; não queríamos que, nesse momento, ele fosse perturbado. Mas ele ama as crianças e quis estar com vocês. Nós também amamos vocês.

- Vocês moram no nosso coração – completou Joana, acariciando uma menininha.

Chegaram os pais, pediram a bênção de Jesus, conversaram um pouco e depois se retiraram respeitosos, permanecendo a certa distância.

Lauro Trevisan

Pedro se aproximou do Mestre e indagou-lhe:

- Rabi, tu falaste que das crianças é o reino dos céus. E nós?

- Sim, das crianças e de todos os que tiverem espírito de criança.

- Como farei para retornar à idade de criança? – quis saber Natanael.

- Natanael, não estou me referindo à idade física e sim ao espírito de criança.

- Explica-nos, por favor! – interveio Tiago.

- A criança é alegre, simples, positiva, amorosa, confiante, esquece logo os desentendimentos e as brigas, não guarda rancor, é feliz, não faz diferença de raça, religião, país, cor. A criança é o mundo do amor e do coração aberto.

Maria Magdalena entrou na conversa:

- A criatura humana, à medida que cresce, vai moldando sua personalidade de acordo com crenças, tradições, ideologias, necessidades, ambições. Enquadrada nessa estrutura pesada, tenta viver. Não raro, cria máscara para que não se conheçam seus defeitos, debilidades, medos e maldades. Muitas vezes diz uma coisa e pensa o contrário. Aparenta uma pessoa equânime na frente dos outros e, às escondidas, é hipócrita, incoerente, injusta. A criança não é assim. Ela é o reino dos céus – como disse, nosso amado Rabi.

Joana confidenciou:

- Por causa do poder e do prestígio, há os que se deixam corromper e praticam injustiça.

Jesus tomou a palavra:

- Em verdade, vos digo: quem não receber o reino dos céus como uma criança, não entrará nele. Muitos exercem suas obriga-

O centurião que espionava Jesus a mando de Pilatos

ções de jejum, penitência, cobrindo-se de cilícios e sacos e vão dar suas esmolas nas esquinas, para serem vistos. Oferecem grandes animais para o sacrifício a fim de serem apreciados aos olhos das autoridades. Ocupam os primeiros lugares nas sinagogas e nos templos. Mas é no coração de criança que está o reino dos céus.

João expôs a dúvida que o deixava sem resposta:

- Amado Rabi, aprendemos com nossos pais e com os antepassados a necessidade do sacrifício, do jejum, do castigo da carne, do cilício, da penitência e tu falas que o reino dos céus tem como símbolo a criança. Ora, a criança, tu mesmo o disseste, é simples, alegre, límpida, afeita aos brinquedos e folguedos; a criança, enfim, é o amor na sua beleza maior. A diferença me parece flagrante.

Jesus olhou com carinho para o jovem, que muito o amava na simplicidade do seu coração, e explicou-lhe:

- Se antes os ascetas vos ensinaram que se conquista o reino dos céus pela luta, pelo sacrifício, pelos sofrimentos voluntários e pela penitência, agora vos digo que se conquista pelo amor. O amor é tudo. É o reino dos céus. Se vos disseram que se paga o pecado com a expiação, eu vos digo que se paga com o amor; se outrora vos incutiram que somos vítimas da culpa, eu vos digo que o amor apaga todos os pecados. Ao meu Pai que está nos céus não interessa a tortura, porque não é sádico, mas o amor, porque é Amor.

Então, enfatizou:

- Salomão dizia que o amor apaga todas as transgressões; eu vos declaro que o amor vale mais que todas as vítimas e holocaustos. Nunca esqueceis que a síntese da vida é o amor a Deus, ao próximo e a si mesmo. Nisto consistem a lei e os profetas.

Lauro Trevisan

Os discípulos, que escutaram atenciosamente e um tanto perplexos a explanação do Rabi, se aproximaram dele e perguntaram:

- Quem é o maior no reino dos céus?

Judas Iscariotes se adiantou:

- Com certeza nos darás cargos importantes no reino que pretendes instituir, porque, afinal, estamos contigo desde a primeira hora.

Jesus chamou uma criança, que estava por perto, colocou-a no meio deles e insistiu carinhosamente:

- Se não vos converterdes e não vos tornardes como as crianças, não entrareis no reino dos céus. Mas quem se tornar simples como esta criança, este é o maior no reino dos céus.

E, tomando a criancinha no colo, revelou:

- Quem acolher, em meu nome, uma criança assim, a mim é que acolhe; mas quem praticar o mal a um desses pequeninos, melhor fora que lhe suspendessem ao pescoço uma grande mó e o abismassem nas profundezas do mar, porque fazer o mal a crianças indefesas, roubando-lhes a inocência e a alegria da vida, é inominável maldade. Vede que não desprezeis nenhum desses pequeninos, pois digo-vos que nos céus os seus anjos contemplam sem cessar a face do meu Pai.

Jesus silenciou.

Os pais, então, alinharam os filhos para receberem a bênção de Jesus e, em seguida, o bando partiu, fazendo a mesma vozearia da chegada.

Uma nesga de sol iluminou o rosto moreno e lindo de Maria Magdalena, pondo reflexos nas ondulações do cabelo doirado; então, a moça ergueu-se e sentou-se ao lado de Jesus,

 *O centurião que espionava Jesus a mando de Pilatos*

para indagar-lhe:

- Rabi amado, gostaria que me dissesses se estou certa nesta reflexão: entendo que muitas enfermidades são conseqüência de estados mentais complicados, como mágoas, ódios, hipocrisia, dobrez, dubiedade, ciúmes, falsidade, aflição, angústia, raiva. Nesse aspeto, a criança é exemplo para nós, adultos.

Sara, amiga de Joana, entrou no assunto:

- E há também a tendência religiosa de achar que Javé se compraz com a austeridade, a severidade, a autoflagelação. Nunca se viu uma criança ter esse tipo de atitude.

- Nós, romanos - filosofou Cornelius - não vemos valor em cilícios e autoflagelações, porque amamos o corpo e convivemos com ele prazerosamente. A suprema valorização unilateral do espírito faz com que a culpa dos males recaia sobre o corpo e então vem a crença de que é preciso castigá-lo, porque é mau. Mas, se Deus criou o ser humano, criou também o corpo. E se criou o corpo, por certo criou também as manifestações prazerosas do corpo. Eu conheci Maria Magdalena e posso dizer que lá se praticava mais amor e solidariedade para com os solitários e os que buscam compensar seus dissabores com momentos prazerosos do que em muitos lugares de boa fama. Por sinal, meu caro Rabi, tu disseste, certa vez, que publicanos e meretrizes entrarão nos céus antes de muitos que se consideram ilibados cumpridores da Lei.

Jesus não interferiu nos comentários, mas contou esta história:

- Dois homens subiram ao templo para orar. Um era fariseu; o outro, publicano. O fariseu, em pé, orava assim consigo mesmo: "Eu te dou graças, meu Deus, por não ser como os outros homens, como os ladrões, injustos e adúlteros, nem como esse publicano. Eu jejuo duas vezes por semana e pago o dízimo de tudo quanto possuo". O publicano, no entanto, conservava-se à distância e não ousava sequer levantar os olhos ao céu, mas batia no peito, dizendo: "Ó Deus, tem piedade de mim, pecador!" Digo-vos que este voltou para casa justificado e não o outro, pois quem se exalta será humilhado e quem se humilha será exaltado. Muitos, que se consideram justos e religiosos, cometem o erro de desprezar e condenar os que não são como eles.

O grupo permaneceu junto do Mestre descansando e comentando a parábola.

Passado algum tempo, Jesus ergueu-se e convidou seus discípulos a descerem até a praia.

Muita gente, ao vê-lo à beira do mar, foi ao seu encontro. A notícia do surgimento de um profeta milagroso vinha agitando o povo, que acorria, ansioso, atrás da novidade.

O Rabi entrou no barco e pediu a Pedro que o afastasse um pouquinho, para poder dominar a multidão, que se acotovelava.

Viu alguns que estiveram com ele tempos atrás e continuam no mesmo estado lastimável; outros, com a alma ressequida, apesar das mensagens escutadas; outros mais, cuja palavra sequer chegou ao coração.

Então, contou-lhes esta parábola:

- Eis que saiu um semeador a semear. Ao lançar a semente, parte caiu à beira do caminho e vieram comê-la as aves. Outra parte caiu em solo pedregoso, onde a terra era pouca: não tardou a nascer, porque estava rente à superfície, mas, quando despontou o sol, ficou crestada e secou, por falta de raízes. Uma certa quantia

O centurião que espionava Jesus a mando de Pilatos

caiu entre espinhos e os espinhos cresceram e a sufocaram. Mas uma boa parte caiu em bom terreno e deu fruto a cem, a sessenta e a trinta por um. Quem tem ouvidos, ouça.

Simão, que escutava atentamente, sentado no barco, com alguns discípulos e discípulas, pediu que Jesus explicasse a parábola:

- Rabi, se não te incomodas, explica a parábola a este povo simples, pois talvez não a tenha entendido!

- Nós também gostaríamos de compreendê-la - avisou André.

Jesus assentiu:

- Ouvi, pois, a parábola do semeador: a semente jogada à beira do caminho, comida pelas aves, representa aqueles que ouvem a palavra do reino, não a compreendem e então qualquer situação negativa arrebata-lhes a palavra. A semente jogada em solo pedregoso, crestada pelo sol canicular logo que germina, é aquele que escuta a palavra e logo a abraça com alegria, mas não tem raízes em si mesmo, é inconstante, e, sobrevindo tribulação e problemas por causa da palavra, logo desiste. A semente lançada entre espinhos tem a ver com aquele que escuta a palavra, mas como vive entre interesses menores, cuidados particulares e riquezas falazes, a palavra fica sufocada, sem produzir fruto. Já a semente derramada em terreno bom e fértil, é aquele que escuta a palavra, a compreende e a faz frutificar a cem, sessenta e trinta por um.

Lauro Trevisan

24

Herodes Antipas desconfia de Jesus e convoca o centurião

Depois de falar mais um pouco ao povo, Jesus pediu a Simão que se fizesse ao largo e o levasse a Tiberíades.

O tempo estava bom. O sol resplandecia sobre as águas, cujas ondas entoavam suave melodia de harpa.

O barco singrava de velas enfunadas e os discípulos desfrutavam a paisagem encantadora.

Mateus contou aos amigos que o nome Kinneret, dado ao Lago, significa harpa.

- Por quê? – quiseram saber.

- Há duas interpretações: uns dizem que é porque o mar, de 21 km de comprimento por 12 de largura, tem formato de uma harpa; outros afirmam que o nome Kinneret se deve ao som mavioso de harpa emitido pelas ondas ao léu do vento. Todos permaneceram por instantes em silêncio, desejosos de sentir os arpejos sonoros das águas.

Lá, ao longe, os navegadores já podiam avistar a bela

151

O centurião que espionava Jesus a mando de Pilatos

Tiberíades, situada na margem ocidental.

À medida que o barco avançava sobranceiro, surgia, brilhando ao sol, a imponente margem montanhosa, com 461 metros de altura.

Tiberíades é bela região, de temperatura variada, com bom índice de chuvas, muita vegetação e agricultura.

Planejada em estilo helenístico, a cidade foi construída, há poucos anos, por Herodes Antipas, que a fez capital da sua tetrarquia e deu-lhe o nome de Tiberíades, em homenagem ao imperador romano Tibério. Antipas, filho de Herodes, o Grande, é governador das províncias da Galiléia e da Peréia. Bastante parecido com o pai, educado em Roma, amigo dos romanos, meteu-se em encrencas quando separou-se da filha do rei nabateu Aretas IV para se unir com Herodíades, mulher de seu irmão Felipe. João Batista, profeta muito popular, severo pregador, condenou publicamente Antipas pela atitude. Instigado por Herodíades e com medo de tumultos, Antipas meteu o profeta no calabouço. Como se isso não bastasse, o rei Aretas IV, pai da ex-mulher de Herodes, ficou furioso com Antipas e quer vingar a filha, que fora viver na fortaleza de Maqueronte, junto ao Mar Morto.

Certo dia, Antipas realizou grande festa de aniversário em sua fortaleza-palácio de Maqueronte. Situada sobre uma colina, a oito quilômetros a leste do Mar Morto, a fortaleza tem larga história de guerra. Fora arrasada pelos romanos e reconstruída por Herodes, o Grande, há aproximadamente trinta e cinco anos, tornando-se a segunda fortaleza mais importante dos judeus. Pertence, como parte da Peréia, a Herodes Antipas, que fez dela um luxuoso palácio e prisão do reino. Seus calabouços são escuros e os prisioneiros ficam presos às paredes por correntes. Aí estava João Batista.

Ilustres convidados, tribunos, grandes da corte, próceres da Galiléia, governadores, participaram do banquete, preparado com pompa, e servido com os mais raros pratos e bebidas importadas de Roma e das Gálias. Em meio ao banquete, a bela adolescente Salomé, filha de Herodíades com Felipe, sobrinha de Antipas, fez uma dança de extrema beleza e sensualidade, que ganhou entusiásticos aplausos dos comensais. Antipas, instigado pelo vinho e pelos aplausos, chamou Salomé e disse-lhe, diante dos convidados:

- Foste deslumbrante, querida! Mereces qualquer recompensa. Pede-me o que quiseres e te darei.

E acrescentou, com orgulho:

- Mesmo que seja metade do meu reino.

Salomé correu para junto da mãe e contou-lhe o sucedido. Herodíades, que estava desatinada com as contínuas acusações do Batista, cuja voz bradava dos porões do calabouço, disse à adolescente:

- Pede que te traga, numa bandeja, a cabeça do impostor João Batista.

Salomé correu para Herodes Antipas e fez o pedido.

Nada pior poderia ter acontecido a Antipas. Tinha respeito pelo pregador do deserto, homem de família ilustre, e o reverenciava e protegia, porque o considerava justo e santo; além disso, era acometido de medo de uma maldição do profeta. Ficou imensamente triste. Contraiu a testa, mordeu os lábios, fechou momentaneamente os olhos, mas, ao abri-los, viu os olhares dos comensais cravados nos seus. Recompôs-se, sorriu forçadamente

O centurião que espionava Jesus a mando de Pilatos

e mandou um guarda cumprir o desejo da jovem.

Agora, instalado, por certo tempo, em seu palácio de Tiberíades, Herodes Antipas ouve notícias de que o Batista reencarnara com o nome de Jesus e pregava a toda gente, operando muitos milagres.

- É João Batista que ressurgiu dentre os mortos – imaginava ele, um tanto assustado. – É por isso que atuam nele forças poderosas.

Herodíades, cansada das paranóias do marido, insistia:

- É um explorador. Cuidado com ele! Pertence ao grupo funesto do Batista!

Herodes saiu para o terraço, falando sozinho:

- É João, o mesmo que mandei degolar. Ressurgiu!

Joana, esposa do administrador do palácio, amiga e seguidora de Jesus, às vezes procurava explicar a Antipas que o Mestre não era político, nem subversivo, nem guerrilheiro, nem anti-romano, mas um mensageiro do amor, da paz e da fraternidade universal. Havia, no entanto, alguns líderes religiosos judeus que levavam ao tetrarca violentas críticas contra Jesus, considerando-o ameaça ao seu governo e a Roma.

Cornelius foi chamado por Antipas.

Apresentou-se à guarda do belo e suntuoso palácio de Tiberíades e foi conduzido a Herodes.

- Vem cá, meu caro centurião! Senta-te e vamos nos deliciar com este vinho de primeira, digno da mesa dos deuses! – sorriu Antipas.

- Majestade, é uma honra sentar-me à sua mesa.

- Sei que és honrado e disciplinado oficial de Roma e tens granjeado respeito aqui na região da Galiléia, principalmente em Cafarnaum. Teus serviços de segurança inspiram-me tranqüilidade. Eu passei bastante tempo em Roma, fiz muitas amizades com pessoas influentes e familiares de imperadores, por isso sou profundo amigo dos romanos e tudo faço para não macular a confiança e a amizade de Tibério. Há pouco, surgiu à margem do Jordão um homem que ofendeu minha dignidade e ameaçava a ordem, incitando o povo contra Roma. Dei-lhe o destino que merecia. Agora, chegam-me notícias de um tal de Jesus de Nazaré, também chamado de Rabi da Galiléia, que estaria reunindo multidões à sua sombra, impressionando o povo com curas miraculosas, bênçãos que expulsam maus espíritos, e maravilhando as gentes com sua mensagem. Alguns judeus o acusam de ser contra a religião e contra Roma. Que dizes desse homem?

Nesse momento, a porta interna se abriu e os olhares se voltaram para a linda e luxuosa Herodíades, que aparecia com sorrisos espalhafatosos. Fez rápida saudação ao oficial romano e sentou-se ao lado do marido.

O centurião vislumbrou mentalmente, como num relâmpago, a história dessa mulher, neta de Herodes, o Grande, filha de Aristóbulo. Vivia em Roma, casada com Herodes Felipe, seu tio. Tinham uma filha chamada Salomé. Certa vez, Herodes Antipas, irmão de Herodes Felipe, foi a Roma tratar de vários assuntos e se hospedou no palacete de Felipe. Herodíades, altamente ambiciosa, não estava satisfeita com a vida à margem do poder. Antipas se enamorou da beleza sedutora de Herodíades e esta se enamorou do poder de Antipas. No retorno à Galiléia, Herodes Antipas levou consigo a mulher do seu irmão, separando-se, por conseqüência, da esposa legítima, a filha do rei dos nabateus. A bela adolescente Salomé, filha de Herodíades, veio

O centurião que espionava Jesus a mando de Pilatos

viver em Tiberíades com a mãe. Cornelius sabia também que a prisão de João e sua degolação se deveu a Herodíades, que não suportava as recriminações do Batista.

— Então — tomou a palavra Herodíades — que dizes desse tal de Jesus?

Cornelius bebeu calmamente um gole de vinho e começou:

— Venho acompanhando de perto as atividades desse homem. Fala de amor; quer criar um reino dos céus — linguagem dele — onde todas as pessoas se amem, inclusive os inimigos; ensina o perdão e a compaixão.

— Estás vendo? — exultou Herodíades, tranqüilizando o marido. — Ele não tem nada a ver com João Batista.

Cornelius continuou colocando panos quentes na ferida do casal:

— Convive com publicanos, pecadores e cobradores de impostos; participa de banquetes; anuncia um novo mundo de paz, justiça e fraternidade.

Herodíades novamente se agitou:

— Diferente de quem come mel silvestre e gafanhotos e se veste com pele de camelo!

Antipas, no entanto, se lembrou das acusações assacadas contra Jesus por influentes fariseus e gente do seu governo. Comentou com o centurião:

— Pessoas de destaque, saduceus, judeus e gente do meu governo o acusam de subverter o povo contra mim, contra Roma e contra o templo. Do ponto de vista político, que me dizes? É perigoso? Qual é a tendência filosófica do homem?

— Mostra-se alheio às coisas que acontecem no campo mate-

Lauro Trevisan

rial, econômico e político. O seu mundo é o ser humano, seus sofrimentos, suas limitações, sua solidão e sua fragilidade diante das injustiças e da Força que desaba sobre as cabeças indefesas.

Antipas demonstrou a mesma preocupação que teve com o Batista:

- De repente, essa megalomania de se achar o salvador da humanidade não poderá transformar-se em paranóia e voltar o povo contra a mim? Com o povo na mão, se for habilidoso, poderá levantar bandeira de libertação contra Roma. Não considera mesmo o homem perigoso?

O centurião buscou esquivar-se desse terreno escorregadio:

- Majestade, fique seguro de que estarei atento a qualquer movimento estranho.

- Gostaria de conversar com esse Rabi! - murmurou Herodes para si mesmo.

- Não sejas incauto! - corrigiu-o carinhosamente Herodíades.

- Por quê? - olhou-a admirado o marido.

- Simples. Se o recebes, os judeus influentes, os fariseus, doutores da Lei, sinedristas, entenderão que estás mancomunado com ele. Então, poderás ser acusado de apoiar qualquer motim que ele promova. Estejas longe dele. E de olho nele. Roma não te perdoará qualquer vacilação.

A conversa foi perdendo interesse, quando Herodes passou a mencionar suas obras realizadas em Tiberíades.

Herodíades acompanhou o centurião até o portal principal, encantada com a beleza máscula e o porte vigoroso do militar.

O centurião que espionava Jesus a mando de Pilatos

25

Na mansão da Magdalena o temor do escândalo

Em Tiberíades, Maria Magdalena convidou Jesus a passar por Magdala e se hospedar em sua casa:

-Vem, amado Rabi, à minha casa em Magdala. Sentir-me-ei honrada com a tua presença.

Simão, André, Tadeu, Tiago e Natanael ficaram escandalizados com a ousadia de Maria.

Jesus olhou para eles e recriminou-os:

- Por que pensais mal em vossos corações? O Filho do Homem veio para todas as pessoas, sem distinção. Se a vossa justiça e sabedoria não for maior que a dos escribas e fariseus hipócritas e puritanos, não entrareis no reino dos céus. Não estivestes comigo em casa de Mateus e Zaqueu?

Simão, sem mais uma palavra, acompanhou Jesus ao barco. Os discípulos e as discípulas também embarcaram. Magdalena convidou também o centurião.

A travessia foi rápida. O vento estava favorável. Da praia,

Lauro Trevisan

podia-se avistar a bela mansão de Maria Magdalena, debruçada sobre imponente amurada, com bela visão para o mar.

Maria estava feliz. Seu amado Rabi chegava à sua casa. No belo pórtico de entrada, Maria abraçou Jesus, em transportes de alegria, e o conduziu à ampla sala de estar, com vistas para o mar. Alguns discípulos sentaram-se em torno do Rabi, outros se dirigiram ao alpendre para contemplarem a linda paisagem. Lá embaixo, no mar, vários barcos de pesca fortaleciam a economia da cidade. O peixe é o produto principal de Magdala, sendo inclusive salgado e exportado através de algumas indústrias artesanais.

- Hoje entrou a Luz e a salvação na minha casa! - exultou Magdalena, abraçando mais uma vez o Rabi.

Em seguida, pediu licença, convocou as duas servas e solicitou auxílio das amigas para preparar a ceia.

Os discípulos olhavam embevecidos os quadros com pinturas de rara beleza.

Judas Iscariotes aproximou-se de Simão e sugeriu que pedisse um quadro valioso para Maria; depois, o venderiam a bom dinheiro para engrossar a bolsa.

Simão abanou a cabeça, em gesto de forte desagrado.

- Amado Rabi! - murmurou Natanael, à boca pequena, de olho na porta da cozinha. - Que dirão as pessoas ao saber que entraste na casa de uma prostituta?

- Que mais poderão dizer de mim? - respondeu-lhe Jesus. - Já me chamaram de louco, endemoninhado, subversivo, pervertedor, excomungado, enganador, fora da Lei, amigo de pecadores e publicanos, comilão e beberrão, que mais falta?

- Mas, em Magdala, todos conhecem a Maria e a vida dela! - insistiu Natanael.

O centurião que espionava Jesus a mando de Pilatos

- Saberão que não vim para os justos e sim para os pecadores, se é isto que te preocupa.

- Mas, Maria Magdalena?! – espantou-se Natanael.

Jesus levantou a voz para quem quisesse ouvir:

- Em verdade vos digo: os gestos desta jovem mulher serão proclamados por todas as gerações.

Tiago, filho do velho Zebedeu, não se sentia bem naquela casa.

Jesus passou o braço no ombro do seu discípulo e disse-lhe:

- Meu bom amigo Tiago, não é de bom tom confundir o passado com o presente, como fazem tantas pessoas. Lembra-te que o perdão faz a pessoa renascer e o renascimento contém a limpidez da água cristalina das montanhas.

Alguns dos discípulos foram iniciados com João Batista e guardavam no coração as severas invectivas contra Herodes Antipas e Herodíades.

O Rabi pediu para se aproximarem mais. Uns sentaram nas almofadas, outros nos tapetes, todos curiosos para saber o que o Mestre iria revelar.

- Certo dia – começou Jesus – eu descia do Monte das Oliveiras, cedo da manhã, e me dirigia ao templo. Quando o povo me viu, veio para junto de mim, ansioso por ouvir minha palavra. Estava lhes ensinando sobre o reino dos céus, quando surgiu um bando de escribas e fariseus, de pedras na mão, com uma mulher apanhada em adultério. Colocaram a apavorada mulher diante de mim, cercaram-me e bradaram raivosamente:

- Esta mulher acaba de ser apanhada em adultério. Ora, Moisés nos ordenou, na Lei, que apedrejássemos tais mulheres. E tu, que dizes?

Eles sabiam do meu pensamento sobre isso, mas criaram a situação para me acusarem, perante as autoridades religiosas, como descumpridor da lei. Olhei para aqueles rostos hipócritas e insensíveis e bradei:

- A vida foi dada por Deus e a ele pertence!

Os homens pouco ligaram ao que eu dissera. Uivavam, como lobos vorazes, cada vez mais alto.

Então, ergui a voz, com firmeza:

- Quem for inocente atire a primeira pedra!

Continuaram vociferando violentas ameaças à pobre mulher e a mim, que não dava ordem de apedrejamento. Nenhum deles teve a mínima compaixão e tolerância. Em verdade vos digo que o fanatismo leva à crueldade, praticada como se fosse ato benemérito.

Passei a escrever, com o dedo, sobre a poeira das lajes, os pecados de cada um, a começar pelos mais puritanos.

A gritaria e a confusão não cessava e eu seguia escrevendo.

Quando se deram conta do que eu escrevia, foram se retirando todos, um após outro, os mais velhos à frente.

Em poucos minutos, fiquei só com a mulher, que ainda tremia aterrorizada.

Indaguei-lhe, com carinho e bondade:

- Mulher, onde estão eles? Ninguém te condenou?

- Ninguém – respondeu ela, timidamente.

- Nem eu te condenarei! Vai em paz!

Recostando-se mais no sofá, Jesus olhou para todos e perguntou:

- Podeis entender? Também a mim quiseram apedrejar. Se

O centurião que espionava Jesus a mando de Pilatos

a vossa misericórdia não for maior que a dos hipócritas e puritanos, não tereis o reino dos céus dentro do coração. Não vim para julgar o mundo, mas para salvar o mundo. Eu vos pergunto: fará diferença o Pai celestial entre as pessoas que lançaram mão de pedras contra aquela mulher e vós que estais lançando as pedras do pensamento e da palavra contra esta outra mulher?

André arriscou dizer o que se passava no seu coração:

- Preocupo-me com o que os outros vão dizer.

O centurião, que ouviu tudo calado, observou:

- Penso que há discriminação na vossa lei. Aparecem, nas escrituras, homens com várias mulheres. Assim está escrito do grande Salomão, que tinha 700 princesas e 300 concubinas; assim se fala de Davi, de Abraão, vosso pai, e de outros. Não é incoerência condenar a mulher por ter vários homens? Não ensinou o Rabi que todos os seres humanos são iguais? Já vi o Rabi avisar aos doutores da lei que o mesmo direito que têm os homens de dar carta de repúdio à mulher, ela também o tem para repudiar o marido. Nós, romanos, ainda que estejamos privilegiando a força do mais forte contra o mais fraco, nem por isso deixamos de considerar a mulher como ser livre, inteligente, com direito a deixar o marido quando assim o entender. Respeitamos a mulher como um ser capaz de cultura e de gerir sua vida e seus empreendimentos. Quando fordes a Roma, as vereis freqüentando inclusive os banhos públicos.

- Tu conheceste bem a Maria? - questionou-o Simão, um pouco enciumado com a cultura da jovem e seu espírito de liderança junto ao grupo.

Cornelius sentiu-se à vontade:

- Maria eu a conheci antes e depois. Ingressou no círculo

privado do Rabi porque tinha coração generoso e seu ideal transcendia à sua profissão. Graças à sua cultura, apreendeu a dimensão superior da mensagem do Rabi. Ficou fascinada com a construção do reino dos céus na humanidade e foi conquistada pela alta e profunda sabedoria do Mestre, convencendo-se cada vez mais que ele veio inaugurar uma nova ordem no mundo, onde as mulheres têm papel importante ao lado dos homens e não abaixo deles.

Nisto, as mulheres assomaram à porta avisando que a ceia estava pronta.

Maria pegou Jesus pela mão e o conduziu à sala contígua, onde uma grande mesa, coberta de bela toalha com adornos doirados, esperava os comensais, já com os pratos corretamente alinhados.

Jesus foi conduzido por Maria ao lugar de honra. Ao seu lado, a anfitriã. Os discípulos deixaram os primeiros assentos para as mulheres e foram ocupar os lugares mais adiante.

Maria voltou-se para o Rabi:

- Amado Rabi! Peço-te que abençoes a comida e esta casa. Pela tua presença, esta casa agora está santificada. Porque tua Luz expulsa as trevas e teu amor a envolve divinamente. Meu coração pula de felicidade como criança, por isso me sinto no reino dos céus.

Num gesto amoroso, Maria passou a palavra ao Rabi.

Jesus ergueu os braços e orou:

- Meu Pai, eu te dou graças por me circundares de pessoas queridas, que me confortam e animam todos os dias!

Graças por Maria, porque a trouxeste a mim e a inundaste com teu amor! Muitos não a aceitam, porque estão travados num

O centurião que espionava Jesus a mando de Pilatos

passado que não existe mais e são vítimas de preconceito.

Abençoa, Pai amoroso, esta casa, que há de ser um templo de luz e de vida para muitas pessoas!

Abençoa, meu Pai amado, esta refeição, derramando vida e saúde sobre todos os alimentos que vamos tomar e dai-nos a graça de vivermos estes momentos em estado de alegria e fraternidade! Amém!

– Amém! – repetiram todos.

Maria deu um beijo de agradecimento em Jesus e pediu que todos se servissem. As duas servas se desdobravam em gentilezas, alcançando os pratos e as bebidas.

Lauro Trevisan

26

Jesus, o centurião e os discípulos em Cesaréia

No dia seguinte, Jesus informou a Simão que iria a Cesaréia de Felipe levar a notícia do seu reino.

Seus discípulos mais achegados e algumas mulheres o acompanharam. Passaram por várias povoações, onde muitos residentes trouxeram seus familiares enfermos para que impusesse as mãos.

Perto do lago Hule, formado pelo rio Jordão, bem acima do Mar da Galiléia, fez uma parada. Hule é um lago pequeno e raso, de cerca de quatro mil metros de extensão. Pelas cercanias, passam caravanas que demandam às cidades do Lago de Genezaré e Jerusalém, assim como as que de Israel buscam as regiões da Assíria.

Depois de longa e exaustiva jornada, com muitas paradas, finalmente Jesus e sua comitiva chegaram a Cesaréia de Felipe, nas nascentes do rio Jordão, e se depararam com a grandiosa rocha calcária, sobre a qual se rendia culto, em outros tempos, ao

O centurião que espionava Jesus a mando de Pilatos

deus Pan. Por esse motivo, a cidade se chamava Panéia. Herodes, o Grande, reconstruiu a cidade e deu-lhe o nome de Cesaréia, em homenagem a César.

Jesus sentou diante desse rijo monumento da natureza.

Ouvindo a conversa dos discípulos, perguntou-lhes:

- Que dizem os homens que eu sou?

Tiago deu, de imediato, sua opinião:

- Dizem uns que és João Batista.

Tadeu continuou:

- Outros afirmam que és Elias.

- Há os que acreditam que és um dos profetas ressuscitado – opinou João.

Jesus olhou para eles com bondade e quis saber:

- E vós, quem dizeis que eu sou?

Simão irrompeu na frente dos companheiros:

-Tu és o Cristo, o ungido do Senhor, o filho de Deus vivo!

- Bem-aventurado és tu, Simão, filho de Jonas, porque não foi a carne nem o sangue que to revelou, mas meu Pai que está nos céus. Tu és Pedro e sobre esta Pedra edificarei o meu reino e as portas do inferno não prevalecerão contra ela. Eu te darei as chaves do reino dos céus. Tudo que ligares sobre a terra será ligado nos céus e tudo que desligares sobre a terra será desligado nos céus.

Levantou-se o Rabi e recomendou:

- Não contai a ninguém que eu sou o Cristo.

A seguir, Jesus tomou a dianteira e entrou no centro fervilhante de Cesaréia, sede da província romana da Judéia e Samaria e dos governos herodianos da Galiléia e da Ituréia.

Enquanto caminhavam pela cidade, alguns discípulos discutiam entre si querendo entender se a pedra sobre a qual Jesus construirá o seu reino era Pedro ou era o que Pedro dissera por inspiração divina.

Maria Magdalena analisou:

- Se for Pedro, como Pedro é mortal, o reino acabará com sua morte.

Natanael arriscou uma explicação:

- A pedra fundamental é, com certeza, Jesus, o Filho de Deus, Pedra eterna, infalível, sobre a qual assenta o reino dos céus.

Bartolomeu assentiu:

- Também entendo assim. A pedra é a origem divina de Jesus. A divindade.

João aventou:

- E Pedro seria o primeiro a sentar sobre essa Pedra, após Jesus. E, assim, seus sucessores.

Maria tornou a considerar:

- Jesus é o filho de Deus, como ele o revelou. Sua mensagem é mensagem do Filho de Deus, por isso ele declarou: "Eu sou o caminho, a verdade e a vida". Se fosse um homem passando a sucessão para outro homem, que diferença faria de um Buda, um Confúcio ou um imperador que se diz deus? Portanto, a base não é Pedro, mas Jesus. Pedro será a pedra humana, que estará assentada sobre a Pedra divina.

Como Jesus seguia distante, os discípulos suspenderam a conversa e apressaram o passo.

Passaram pelo palácio de Herodes Felipe, onde ele vive a maior parte do tempo, com sua esposa Salomé III. Detiveram-se, por instantes, diante da sede do procurador romano e seguiram

O centurião que espionava Jesus a mando de Pilatos

até o grandioso porto marítimo, construído por Herodes, o Grande.

Algumas pessoas reconheceram o Rabi milagroso e alvoroçaram a população, que a ele acorreu, em bom número, para ouvir a sua palavra e curar seus enfermos.

À noite, a sós com os discípulos, revelou-lhes:

- Queridos amigos e amigas! Terei de ir a Jerusalém e passarei por grandes sofrimentos da parte dos anciãos, escribas e sumos sacerdotes; serei morto, mas, ao terceiro dia, ressuscitarei.

Pedro agitou-se diante do Rabi e clamou:

- De modo algum permitiremos que isso te aconteça, amado Rabi!

Jesus voltou-se para Pedro e o esconjurou:

- Para trás, satanás! Não tens gosto do que é de Deus, mas do que é dos homens!

Judas, de Cariot, estava decepcionado. O sonho de um grande império desmoronava pela boca do próprio Rabi.

João, o jovem muito querido de Jesus, por sua amorosidade, singeleza e inteligência, encontrou o Rabi a sós e expôs-lhe sua dúvida:

- Amado Rabi, tenho uma confusão na cabeça: primeiro, tu elevaste Pedro a ser a pedra do teu reino; depois o confundiste com satanás. E então?

Jesus acariciou-lhe o cabelo e disse-lhe:

- Um dia, quando o Espírito Santo de Deus descer, terás compreensão dos mistérios do meu reino. A tua mente e o teu coração se abrirão e o mundo inteiro saberá muita coisa através de ti!

Já no retorno, ao passar por Betsaida, chegou-se a Jesus a

Lauro Trevisan

mãe dos filhos de Zebedeu e, humildemente, fez um pedido:

-Bom Rabi, tu deste um cargo grandioso a Pedro no teu reino. Ordena agora que estes meus dois filhos se sentem, no teu reino, um à tua direita e outra à tua esquerda.

Jesus lhe respondeu:

- Não sabeis os que pedis. Podeis beber o cálice que eu vou beber?

- Podemos! – reagiram, a uma, os dois.

- O meu cálice haveis de bebê-lo, mas isso de sentar à minha direita e à minha esquerda, não é comigo, mas compete àqueles a quem meu Pai destinou.

Os outros discípulos, quando ouviram isto, se indignaram com os dois irmãos.

Jesus tomou a palavra e lhes ensinou:

- Sabeis que os soberanos dos gentios dominam sobre eles e os seus grandes exercem poder sobre eles. Entre vós, porém, não há de ser assim. Quem quiser ser grande, seja vosso escravo e quem, entre vós, quiser ser o primeiro, seja vosso servo. Também o filho do homem não veio para ser servido, mas para servir. Nem queirais ser chamados de mestres; porque um só é vosso mestre e todos vós sois irmãos. Nem queirais chamar pai a algum dentre vós sobre a Terra, porque um só é vosso pai: o Pai Celeste. Nem tampouco vos intituleis guias, porque um só é vosso guia: Cristo. Quem for o maior dentre vós, seja o vosso servo.

O grupo seguiu Jesus pela Decápolis e entrou na Peréia, sempre pregando a boa nova de um mundo melhor.

O centurião que espionava Jesus a mando de Pilatos

27

Lázaro, grande amigo do Rabi, morreu e Jesus o ressuscitou

Na Peréia, o Rabi recebeu recado da parte de seu querido amigo Lázaro. Suas irmãs Marta e Maria mandaram um mensageiro a Jesus com esta notícia: "Eis que está enfermo aquele que amas".

Jesus disse ao mensageiro:

– Esta enfermidade não é para a morte, mas é pela glória de Deus, para que por ela seja glorificado o Filho de Deus.

O mensageiro retornou às pressas para Betânia, distante cerca de dois dias.

Jesus permaneceu ainda dois dias acolhendo o povo, transmitindo sua mensagem e curando os enfermos. À noite, em longas vigílias, preparava seus amigos para a tragédia que se aproximava.

Judas Iscariotes não compreendia como poderia o Rabi falar em morte se ainda nem tinha começado seu reino.

– Alguma coisa não está certa! – pensou ele. – Será que

peguei o cavalo errado?

Depois de dois dias ensinando às gentes e preparando os discípulos e as discípulas, determinou:

- Vamos para a Judéia!

Simão Pedro não concordou:

- Amado Rabi, ainda há pouco queriam os judeus apedrejar-te; recebeste comunicado que há uma trama para prender-te em Jerusalém; falas em condenação e morte; e queres ir lá outra vez?

Jesus respondeu-lhe:

- Não são doze as horas do dia? Quem caminha de dia não tropeça, porque é orientado pela luz; mas quem caminha de noite, tropeça, porque lhe falta a luz.

João inclinou-se para Jesus e murmurou-lhe:

- Amado Rabi, não entendi a tua resposta. Estás correndo perigo?

Jesus reuniu todos seus amados seguidores e confidenciou:

-Vamos a Jerusalém. O Filho do Homem será preso por ordem dos sumos sacerdotes e dos escribas, que hão de entregá-lo aos gentios para decretar-lhe a morte. Hão de escarnecê-lo, cuspir nele, açoitá-lo e matá-lo. Depois de três dias, porém, ressurgirá. E todos serão confirmados na fé.

Os discípulos queriam fazer-lhe muitas perguntas, mas Jesus mudou de assunto:

- Nosso amigo Lázaro dorme, mas vou para despertá-lo do sono.

Simão Pedro observou-lhe:

- Amado Rabi, se dorme vai ser curado!

Jesus falou-lhes abertamente:

O centurião que espionava Jesus a mando de Pilatos

- Lázaro morreu. E folgo por causa de vós de não ter estado presente, para que tenhais fé.

Tomando a estrada, chamou-os:

- Vamos a Betânia!

Enquanto Jesus se distanciava, acompanhado de perto pelas mulheres, que estavam aflitas com a notícia da morte do querido amigo Lázaro, bem imaginando o sofrimento das duas irmãs - os discípulos formaram um grupinho para comentar a revelação de Jesus sobre seu aprisionamento e morte ignominiosa.

Tomé estava decidido:

- Vamos também nós e morramos com ele!

- Não podemos permitir que isso aconteça! – clamou Simão Pedro, em altos gestos de bravura!

- Precisamos formar um batalhão de defesa! – sugeriu André.

Judas queixou-se:

- Bem que eu insistia sobre a necessidade de formar um estoque de dinheiro para essas eventualidades!

- Calma, gente! – bradou Tiago, filho de Alfeu. - Pode não acontecer nada disso. Por que prever o pior?

Judas Iscariotes saltou diante dos companheiros e falou exaltado:

- Tenho uma ótima idéia!

- Qual? – indagaram todos a uma só voz.

Judas sorriu cheio de si, como se fosse o salvador da pátria, e entregou a idéia:

- Vamos pedir ajuda ao centurião que nos acompanha. Com seus soldados, ninguém ousará tocar no Rabi! Prometeremos que será Ministro da Defesa do novo reino!

Cornélius estava no grupo da frente. Judas correu para

chamá-lo.

Diante dos companheiros, o Iscariotes bateu-lhe amistosa-mente no ombro e falou-lhe:

- O Rabi nos informou que vai ser aprisionado em Jerusa-lém e será condenado à morte. Queremos defendê-lo e, para isso, te pedimos ajuda.

Cornelius respondeu-lhes:

-Tenho contato com o procurador Poncio Pilatos e posso afirmar-vos que não há nenhuma ordem nesse sentido, nem de Pilatos, nem da Síria e nem de Roma. Se Roma não condena à morte, ninguém mais pode fazê-lo.

O centurião não quis mais envolver-se no assunto e avan-çou o passo para chegar junto do grupo que acompanhava Jesus.

Chegaram ao rio Jordão e o transpuseram.

Já em território da Judéia, aproximaram-se de Jesus alguns fariseus para pô-lo à prova. Um deles, mais culto, perguntou:

- É permitido ao homem repudiar a sua mulher por qual-quer motivo?

Jesus aproveitou para dar-lhes uma lição:

- Se for permitido ao homem, também o será para a mu-lher, porque no reino dos céus não há privilegiados. No princípio da Criação, Deus criou homem e mulher. Por isso, deixará o homem o pai e a mãe para se unir à sua mulher e os dois se tornarão um só. Portanto, já não são dois, mas um só. Não separe o homem o que Deus uniu.

Os fariseus fizeram mais algumas perguntas, mas não al-cançaram seus objetivos escusos. Desapareceram.

Os discípulos se interessaram muito pelo tema.

Simão pediu a Jesus para explicar melhor sobre o casa-

O centurião que espionava Jesus a mando de Pilatos

mento.
O Nazareno esperou que alguém se manifestasse.
Simão começou:
- Entendi que homem e mulher, sendo dois antes do casamento, pela união se tornam um só. No entanto, sempre aprendemos que quem manda em casa é o homem.
Suzana rejeitou:
- Mas, não acho justo. Deus criou tanto o homem quanto a mulher à sua imagem e semelhança, por isso, diante de Deus, ambos são iguais.
- Tenho uma dúvida - interveio Tomé. - Como é que, sendo dois, podem se tornar um só?
Maria Magdalena, culta e sagaz, passou a mão nos sedosos cabelos doirados, alinhou-os delicadamente, e entrou no assunto:
- Vamos por partes: no princípio Deus criou homem e mulher. Cada um na sua individualidade. Depois, a individualidade de ambos somar-se-á, tornando-se unidade. Não perderão a individualidade, pois a liberdade continua sendo paradigma divino no ser humano; e não poderão perder a unidade - um só - porque a unidade é a essência do casamento, resultado do amor.
- É claro - percebeu Felipe - pois sem a individualidade, tornar-se-iam uma massa amorfa, despersonalizada. O extraordinário disso é que, continuando dois, tornam-se um.
Judas Tadeu ficou intrigado:
- Como conciliar a individualidade com a unidade?
Maria Magdalena retomou a palavra:
- A individualidade tem no seu verso a liberdade; a unidade tem na outra face o amor. A individualidade não pode deixar de existir, porque a liberdade dada por Deus não pode ser ab-

rogada pelos homens; a unidade não pode deixar de existir, porque casamento é amor e amor é unidade. Estou certa, amado Rabi?

Simão deixou transparecer sua perplexidade:

- Há uma afirmação do amado Rabi que me deixou confuso: os profetas e doutores da lei permitem o divórcio, e tu, amado Mestre, ensinas que não separe o homem o que Deus uniu. Se um dos dois é ou se tornar violento, cruel, tirano, insuportável, dado a vícios perniciosos, desinteressado pela família, bandido, ladrão, o companheiro ou companheira deverá aturar e sofrer pelo resto da vida? E a liberdade e o direito à própria felicidade e auto-realização, onde fica? Deverá submeter-se a ameaças de morte? O bom deve naufragar porque o mau naufraga? Peço-te, amado Rabi, uma palavra de esclarecimento, se for do teu agrado.

Jesus deixou que alguém mais se expressasse.

- Já que ninguém fala – animou-se a Magdalena – peço licença aos queridos amigos e amigas, para colocar meu pensamento. Nosso amado e sábio Rabi disse exatamente assim: "Não separe o homem o que Deus uniu". Por homem ele entende o universo dos seres humanos: homem e mulher. Não separe o homem o que Deus uniu. Observai, queridos, o essencial da afirmação: "O que Deus uniu". Deus não uniu – meu querido Simão Pedro – a violência, a crueldade, a tirania, o vício pernicioso, o abandono da família, o banditismo. Deus uniu o amor. Se não existe amor, não existe união nem casamento, porque o amor é a essência do casamento.

Débora considerou:

- Penso que sempre há que praticar, no casamento, o exercício da generosidade, da tolerância e da esperança, porque são

O centurião que espionava Jesus a mando de Pilatos

dois seres imperfeitos, de personalidades diferentes, não raro com criação dura e traumática por parte dos pais. Mas, concordo que, não havendo boa vontade, o casamento desmantelado não tem como reviver ou ser sustentado.

Cornelius ouvia atentamente o debate. Por fim, não deixou de colocar sua opinião:

- Se me permitis, gostaria de dizer-vos que tendes leis bastante rígidas quanto à união entre duas pessoas. Para nós, romanos, tudo é bem mais simples e o divórcio vigora tanto para homem quanto para mulher. Mas, é claro que não se troca de parceiro como se troca de roupa. Além de tudo, há casamentos que não são casamentos, mas apenas união de interesses econômicos, de poder, de prestígio, de influência, de obrigação. Este, em resumo, é um tema que sempre trará componentes polêmicos, não vos parece?

Simão pediu licença:

- Amado Rabi, lembra-te do nosso querido amigo Lázaro.

- Vamos a Betânia, porque nossas queridas amigas Maria e Marta estão sofrendo muito – confidenciou Jesus.

Quando entraram em Betânia, Marta foi célere ao encontro do seu querido Rabi e abraçou-o, debulhada em lágrimas.

-Amado Rabi, se estiveras aqui, meu irmão não teria morrido! Ele te amava! Nós éramos uma família tão harmoniosa!

Marta chorava ao pescoço de Jesus e as palavras se confundiam com o pranto.

Jesus alinhou carinhosamente os cabelos da amiga e respondeu:

- Teu irmão ressurgirá!

- Bem sei que ressurgirá na ressurreição do último dia! –

resignou-se ela.

Olhou, então, confiante para Jesus e acrescentou:

- Mas, também, agora sei que Deus te concederá tudo que lhe pedires!

- Eu sou a ressurreição e a vida; quem tem fé em mim, viverá ainda que tenha morrido; todo aquele que, em vida, tem fé em mim, não morrerá eternamente. Tens fé nisto?

Marta enxugou as lágrimas e consentiu:

- Sim, amado Rabi, eu tenho fé em que tu és o Cristo, o Filho de Deus que devia vir ao mundo.

Jesus indagou-lhe:

- E Maria?

- Vou chamá-la, amado Rabi!

Beijando a mão de Jesus, pediu licença e foi ter com Maria, que jazia caída em tristeza profunda, cercada de parentes, vizinhos e pessoas amigas, algumas vindas de Jerusalém.

Marta foi ao ouvido da irmã e sussurrou:

- Nosso amado Rabi está aí e te chama!

Ouvindo isto, Maria levantou-se com presteza e correu ao Rabi, que ainda se encontrava na entrada da povoação.

Quando as pessoas, que a consolavam, a viram sair pressurosa, pensaram que fosse ao sepulcro chorar e a seguiram.

Maria, assim que chegou a Jesus, atirou-se em seus braços, lavada em lágrimas.

- Amado Rabi – disse-lhe entre soluços – se estivesses aqui, com certeza meu irmão querido não teria morrido. Ele te amava tanto! Sempre falava de ti e tinha imenso prazer em receber-te...

As palavras jorravam entrecortadas pelo pranto. Jesus pôs-se a enxugar as lágrimas de Maria e alisar-lhe os belos cabelos, mas não se conteve e chorou, misturando suas lágrimas às lágrimas de Maria.

Os que seguiram os passos de Maria, chegaram a tempo de ver a comovente cena dos dois chorando.

- Vede como ele o amava! – observou Joseph, doutor da Lei, da cidade de Arimatéia.

Jesus, Maria e os discípulos caminharam até a casa. Marta, embora profundamente abalada, dava atenção aos visitantes.

O Mestre estava muito comovido e perguntou:

- Onde o pusestes?

Maria tomou a mão de Jesus e disse-lhe:

- Vem, amado Rabi, e vê. Ele perguntava por ti e queria pelo menos despedir-se da pessoa mais amável e sábia que conheceu. Lembrou algumas mensagens que transmitiste aqui nessa casa. Ah, amado Rabi!

A jovem extravasou novamente sua sensibilidade em torrentes de lágrimas.

Marta, acompanhada das pessoas amigas, também dirigiu-se ao sepulcro. Pairava no ar uma tristeza intraduzível.

Ao verem o pranto escorrer mansamente pelo rosto de Jesus, os presentes comentavam, aos sussurros:

- Realmente, ele o amava!

Um vizinho sugeriu:

- Não podia ele, que abriu os olhos ao cego de nascença, impedir que esse homem morresse?

Ao chegarem ao sepulcro, Maria e Marta não contiveram o choro e Jesus também ficou muito comovido.

O sepulcro estava cavado na rocha, como era costume entre as pessoas abastadas. Uma grande pedra fechava a entrada.

Lauro Trevisan

Era redonda, para facilitar a movimentação.

-Tirai a pedra! – ordenou Jesus.

Marta pensava que o Rabi queria ver o amigo pela última vez e sussurrou-lhe:

-Amado Rabi, já cheira mal, pois faz quatro dias!

Jesus voltou-se para Marta:

- Não te disse eu que verás a glória de Deus se tiveres fé?

Alguns discípulos se empenharam em rolar a pedra da entrada do sepulcro, enquanto Maria Magdalena, Joana, Suzana e Débora amparavam Marta e Maria.

Lá no fundo, obscurecido pela penumbra, jazia Lázaro morto.

Jesus ergueu os olhos ao céu e orou:

- Meu Pai amado, graças te dou porque me atendeste! Bem sabia eu que sempre me atendes, mas eu não digo isso por mim e sim por causa desse povo ao derredor, para que creiam e tenham fé que tu me enviaste!

Em seguida, Jesus bradou:

-Lázaro, vem para fora!

Lázaro começou a mexer-se, para a alegria de Maria e Marta e para espanto dos judeus e pessoas amigas, que tinham vindo de Jerusalém.

Jesus mandou que desenrolassem as ataduras para que Lázaro pudesse caminhar. Assim fizeram.

Lázaro retirou o lenço que cobria o rosto e caminhou até a porta, a passos lentos, com um brilho de felicidade nos olhos.

O primeiro abraço foi para Jesus e, em seguida, para suas irmãs; e, assim, para os demais.

A alegria era indizível. Todos se abraçavam e sorriam e

O centurião que espionava Jesus a mando de Pilatos

choravam e davam glórias a Deus.

Maria tomou a mão de Jesus e o conduziu ao aposento, deixando-o descansar da longa jornada.

Marta amparou seu irmão e o levou a um cálido banho reconfortante, com bálsamos da Índia.

As mulheres e os discípulos acompanharam os demais visitantes até a casa e conversaram longamente sobre o reino dos céus e a vida do divino Rabi.

Simão Pedro tinha orgulho do seu Mestre e guia.

Os discípulos estavam pasmados.

O centurião nunca tinha sequer sonhado com algo igual.

Passados os momentos de comoção intensa, Maria Magdalena comentou com Tiago algo que a impressionou muito:

— Tu percebeste, Tiago, o tipo de oração que o amado Rabi fez antes de chamar Lázaro à vida?

Tiago respondeu que o Mestre tinha invocado o poder do Pai.

— Mais do que isso! — esclareceu ela. — Ele agradeceu antecipadamente o milagre como se já tivesse acontecido!

— Como assim? — surpreendeu-se Tiago.

Maria Magdalena lembrou:

— Ele orou desta forma: "Graças te dou, ó Pai, porque me atendeste!" A fé do amado Jesus era a absoluta convicção do milagre. Para o Rabi, no momento da oração, Lázaro já tinha ressuscitado. "Pois tu me atendeste!" A concretização no tempo e no espaço ocorreu depois. No meu entender, este é o maior exemplo de fé.

— Crer firmemente na realização da sua palavra, ensinou

Lauro Trevisan

ele, certa vez – acrescentou Tiago.

Magdalena considerou:

- Crer é ver a realidade antes que aconteça.

Tiago concordou:

- Aí está. A oração da fé curará o enfermo e até mesmo poderá ressuscitar mortos.

- Admitir esta verdade é o grande desafio! – concluiu Magdalena

Muitos judeus creram no Rabi da Galiléia, mas outros foram contar o sucedido aos fariseus influentes e doutores da lei. Estavam assustados com a possibilidade de uma debandada geral para o rebanho do Rabi.

O centurião que espionava Jesus a mando de Pilatos

28

O centurião e o complô contra Jesus

Foi convocado o sinédrio, para decidir o que fazer com Jesus. No conselho, de setenta e um membros, estavam presentes o sumo sacerdote em exercício, Caifaz, os demais ex-sumos sacerdotes, entre eles Anaz, os chefes das famílias sacerdotais, os leigos pertencentes a famílias aristocráticas e alguns doutores da lei.

O sinédrio tem amplos poderes judiciários e executivos no campo religioso e civil, exceção da pena de morte e outras restrições de competência exclusiva dos romanos.

Comentou um ancião do povo:

- Que faremos com esse homem? Faz tantos prodígios, que atrai o povo todo para si. Agora, com a ressurreição daquele homem rico e influente de Betânia, todos acabarão por acreditar nele. Se o deixarmos andar e pregar e curar, virão os romanos e nos tirarão nossas terras e acabarão com a gente!

O sumo pontífice Caifaz tomou a palavra e declarou com autoridade:

- Vós não sabeis nada, nem considerais que é melhor para vós morrer um homem pelo povo do que perecer a nação toda?

Lauro Trevisan

- Sem dúvida! – anuiu Anaz.

- É verdade! – confirmou Joatan, aristocrata influente.

Nicodemus, doutor da lei muito culto e correto, observou, com certa timidez:

- Nossa lei não permite condenar sem julgamento.

- E quem disse que não vai ser julgado? – irritou-se Caifaz, presidente do sinédrio e suprema autoridade judaica.

A assembléia encerrou-se com a convicção de que era necessário que Jesus morresse antes que pervertesse o povo e criasse rebelião contra Roma.

Depois da refeição, Jesus avisou Lázaro e as irmãs que ia se retirar para Efrem, região vizinha ao deserto, para evitar atentado contra o amigo e contra si, bem como para preservar a vida dos seus amados discípulos.

Efrem fica perto de Betânia. Permaneceu algum tempo com os discípulos nessa região.

Era primavera. A vida tornara-se exuberante. A colheita da cevada espalhava alegria, porque o principal alimento dos pobres e do povo comum estava garantido.

A afluência de gente dos campos, das cidades e de outros países a Jerusalém já era visível.

Jesus soube que, em Jerusalém, o povo estava à sua procura, ansioso por vê-lo, ouvir sua palavra e obter a cura de seus males. Soube também que corria boato na capital de que os pontífices e os escribas fariseus tinham dado ordem para que quem soubesse do seu paradeiro o denunciasse.

Seis dias antes da páscoa, Jesus voltou a Betânia, em visita a Lázaro, Marta e Maria. Era sua despedida.

Lázaro ofereceu-lhe um banquete em agradecimento pela

O centurião que espionava Jesus a mando de Pilatos

vida que o Mestre lhe restituíra.

Os discípulos e as discípulas estavam presentes, além de alguns amigos da cidade.

Quando a ceia estava posta na mesa, Lázaro convidou Jesus a tomar lugar de honra, como sempre. Maria não se fez de rogada: postou-se ao lado do Mestre. Os discípulos, as mulheres, assim como os demais convidados, se espalharam pela mesa.

– Por favor, amado Rabi, faze a oração de costume, ao partir o pão.

Jesus fechou os olhos por instantes e depois os elevou ao Alto. Do seu rosto emanava uma auréola de luz doirada fulgurante.

Assim orou:

– Meu Pai amado! Dou-te graças por este momento de alegria e conforto, junto de Lázaro, Marta e Maria, e dessas pessoas queridas que compartilham esta ceia!

Estou grato porque assim foi do teu agrado que eu recebesse o carinho e o amor dessas pessoas, antes da escalada de sofrimentos. Quando as trevas obscurecerem a vida, que não se perca um só desses teus filhos amados!

Que permaneçam firmes e unidos no amor e na solidariedade, até que eu volte para lhes abrir as portas do novo reino!

Amado Pai! É chegada a hora em que o Filho do Homem vai ser glorificado, mas que aqueles que me deste também sejam glorificados por ti e compreendam que se o grão de trigo não cair em terra e morrer, ficará a sós consigo; mas, se morrer, ao germinar produzirá muito fruto!

Meu adorado Pai, abençoa esta ceia e todos os que se dedicaram em prepará-la! Abençoa, de modo especial, teus filhos

Lauro Trevisan

Lázaro, Maria e Marta, e guarda-os no aconchego do teu coração amoroso!

Pai santo! Que este momento não seja de tristeza, mas de muita alegria, porque teu filho Lázaro sente-se grato pelo dom da vida e quis compartir conosco sua felicidade! Amém.

- Amém! – Aclamaram todos.

Maria correu ao seu aposento e trouxe uma libra de precioso ungüento de nardo genuíno e com ele ungiu a cabeça e os pés do seu amado Rabi, enxugando-os com seus lindos e emoldurados cabelos.

O perfume inundou a sala toda, deixando o ambiente impregnado, como se o jardim do éden para aí tivesse sido transportado por anjos invisíveis.

Apenas Judas Iscariotes novamente reclamou, resmungando para Simão Pedro:

- Logo agora que precisamos estabelecer a defesa do Rabi, este desperdício. Trezentos denários jogados fora!

Simão recriminou-o:

- Não te lembras do que ele disse quando reclamaste de Maria Magdalena?

No dia seguinte, um número imenso de judeus e curiosos, que souberam do milagre da ressurreição de Lázaro, vieram de Jerusalém e outros lugares para ver Jesus e Lázaro. Todos queriam voltar à sua terra, após a festa da páscoa, com a alegria de poderem contar aos familiares e amigos que viram o famoso Rabi e o homem ressuscitado. Muitos foram ao sepulcro recolher um pouco da rocha, como lembrança.

Quando ficaram sabendo que Jesus estaria, no dia seguinte, em Jerusalém, acorreram para recebê-lo com festa.

O centurião que espionava Jesus a mando de Pilatos

29

A entrada triunfal em Jerusalém

Jesus e seus discípulos e discípulas chegaram, no outro dia, em Betfagé, no Monte das Oliveiras.

O Rabi chamou dois dos seus discípulos e disse-lhes:

- Ide à aldeia que tendes em frente. Logo à entrada, encontrareis um jumentinho amarrado, no qual ainda ninguém montou. Desatai-o e trazei-mo cá! Se alguém vos perguntar o que estais a fazer, respondei que o Rabi da Galiléia necessita dele e logo o restituirá.

Os discípulos encontraram o jumentinho amarrado fora do portão, numa encruzilhada. Desataram-no. O dono os viu pegando o animal e perguntou:

- Por que estais pondo a mão no meu jumentinho?

Explicaram como Jesus lhes disse e o dono permitiu que o levassem.

As mulheres colocaram seus mantos sobre o lombo do animal e Jesus montou-o.

A passos lentos, o Rabi entrou na cidade, montado no manso jumento.

Quando o povo viu Jesus chegando, correu a festejar sua vinda. Estendiam suas vestes pelo caminho, jogavam verdes folhagens à passagem, atiravam flores, lançavam os bonés para o alto e gritavam:

- Hosana! Viva! Bendito o que vem em nome de Javé! Bendito seja o reino vindouro do nosso pai Davi! Paz no céu e glória nas alturas!

Alguns fariseus reclamaram em altos brados a Jesus para que fizesse o povo e os discípulos calarem.

Jesus, sabendo das intenções malévolas dos homens da lei, respondeu-lhes:

- Digo-vos que, se eles se calarem, as pedras clamarão!

Alguns curiosos apreciavam a cena, das calçadas, e quiseram saber:

- Quem é esse homem?

As turbas respondiam com entusiasmo:

- Este é Jesus, o profeta de Nazaré da Galiléia!

Alguns sinedristas, saduceus e romanos ficaram alarmados com a popularidade do Rabi.

A notícia chegou aos ouvidos de Caifaz, que vituperou:

- Além de sublevador, ousado! Fazendo tumulto nas nossas barbas!

Reuniu seus assessores mais próximos e tornou urgência urgentíssima a necessidade de acabar com esse homem perigoso.

Jesus mandou entregar o jumento ao dono, entrou no templo e curou diversos cegos e coxos.

O povo e as crianças seguiam Jesus aclamando-o, o que irritava sobremaneira os príncipes dos sacerdotes e os escribas.

Pouco depois, o Nazareno deixou a cidade e dirigiu-se a

O centurião que espionava Jesus a mando de Pilatos

Betânia, distante três quilômetros. De madrugada, retornou a Jerusalém. No caminho, teve fome. Viu uma figueira à beira da estrada, foi até ela, mas só tinha folhas.

Disse então à figueira:

- Nunca mais nasça em ti fruto algum!

Em Jerusalém, os discípulos conseguiram alimento. Depois da refeição, Jesus entrou no templo, reclamou da balbúrdia dos vendedores de animais para o sacrifício e atendeu ao povo, que estava empolgado com seus ensinamentos.

Os príncipes dos sacerdotes deliberaram matá-lo, mas tinham medo da sua popularidade.

Ao cair da tarde, tornou Jesus a sair da cidade. Ao passarem pela figueira, viram que secara até a raiz.

Pedro, admirado, chamou a atenção de Jesus:

- Olha, Mestre, secou a figueira que amaldiçoaste!

Jesus aproveitou para fazer-lhes uma estupenda revelação:

-Estais admirados porque a figueira secou! Tende fé em Deus. Em verdade vos declaro que se alguém disser a este monte: Sai daqui e lança-te ao mar - e, se não duvidar em seu coração, mas crer firmemente na realização da sua palavra, há de acontecer assim mesmo.

E completou enfaticamente:

- Crede firmemente que recebereis tudo quanto pedirdes na oração e vos será dado.

Tomé colocou sua dúvida:

- Amado Rabi, tuas palavras são tão simples quanto difíceis de se acreditar. Tu podes tudo, pois estás com o Pai, que sempre atende, mas nós estamos longe de termos esse poder.

Jesus insistiu:

Lauro Trevisan

- Anotai, mais uma vez, que esta é minha grande revelação. Por mais que duvideis – e as gerações futuras também duvidarão – eu vos digo que aquele que tiver fé fará as obras que eu faço e fará obras maiores ainda do que essas.

Tomé não se deu por satisfeito:

- Meu bom Rabi, desculpa-me voltar à carga. Mas, quando lembro que curaste leprosos, cancerosos, cegos, surdos-mudos, paralíticos; quando recordo que multiplicaste os pães e os peixes; que aplacaste a tempestade e serenaste o vento; que propiciaste a pesca milagrosa e caminhaste sobre as águas do Mar da Galiléia, me vejo muito longe deste poder.

Cornelius, que ouvia tudo com atenção, chamou Mateus à parte e raciocinou:

- O que é a fé? Se fosse um poção, um explosivo, um ritual, uma oração, seria mais fácil apalpar a realidade dessa força.

- Suponho – considerou Mateus – que a força está na palavra criadora. Ele disse, quando falava da figueira seca: "Se alguém disser a esse monte: "Sai daqui e lança-te ao mar", e se não duvidar em seu coração, mas crer firmemente na realização da sua palavra, há de acontecer assim mesmo. "Se alguém disser" – eis a expressão da palavra; "e não duvidar em seu coração" – quer dizer que a palavra deve ser unívoca, definitiva, sem dúvidas e medos; "mas, crer firmemente na realização da sua palavra" – significa logicamente que a pessoa, ao pedir, ao manifestar a palavra, deve manter certeza irreversível de que assim é e assim será. Não te parece?

Cornelius passou a mão nos cabelos, concentrou-se em seus pensamentos e, por fim, aventou:

- A ser verdade, trata-se de algo fantástico, revolucionário.

O centurião que espionava Jesus a mando de Pilatos

Mas, passará muito tempo até que as pessoas atinem para essa proposição do Rabi. Talvez sejam necessárias algumas gerações, como ele disse.

- Concordo contigo – assentiu Mateus, abanando a cabeça. - Dificilmente a humanidade vai compreender que a solução das desgraças está dentro da própria pessoa. Guerras, conflitos, roubos, violência, ódios, desentendimentos, suicídios, continuarão com a mesma intensidade, até que um dia essa verdade seja clarificada. O ser humano usa e abusa da palavra negativa, maldosa, agressiva, sem se dar conta de que é ela que rege o destino de cada um. Lembro de ter lido na escritura, certa vez: "Pois ele é tal qual seus pensamentos". Alguém já pensou nisso? É muito simples para ser verdade – dirão muitos.

Lauro Trevisan

30

Encontro do centurião com a mulher de Pilatos

Cláudia, esposa do prefeito Pilatos, ao saber que os sumos sacerdotes conspiravam contra Jesus, mandou recado ao centurião: "Eu e o Poncio estamos em Jerusalém, na Torre Antônia, para a festa dos judeus. Ouvi falar que os sumos sacerdotes e anciãos do povo tramam a morte de Jesus. Quero encontrar-me contigo amanhã, na vigésima primeira hora, no Jardim das Oliveiras".

No dia seguinte, à hora marcada, Cornelius esperou a esposa de Pilatos, no Jardim das Oliveiras. Quando ela chegou disfarçadamente, ficou impressionada com a visão da cidade, situada cinqüenta metros abaixo.

- Obrigada por ter vindo! – saudou-o Cláudia.

- Nada a agradecer, minha senhora – retribuiu Cornelius, respeitosamente. – Estou atendendo a esposa do meu superior.

Claudia, que tinha pressa, foi direta ao assunto:

- Fiquei sabendo que há uma trama dos judeus para matarem Jesus. Inclusive, soube que um dos seguidores do Rabi ofere-

O centurião que espionava Jesus a mando de Pilatos

ceu-se para apontá-lo, pelo preço de trinta moedas de prata. Eu sou simpatizante do Rabi da Galiléia. Tenho conhecimento da mensagem de amor que transmite e do valor que dá às mulheres. Avisa o Rabi para que não se exponha. Não venha a Jerusalém, pois há conspiração contra ele.

Cornelius perguntou-lhe:

- Será Pilatos sabedor da decisão dos sumos sacerdotes e do sinédrio?

- Sabe. Mas não está preocupado, porque eles não têm poder de matar ninguém. Roma lhes retirou esse poder. Não podem apedrejar e nem crucificar. Poder de execução pertence a Pilatos, por isso não liga para as fanfarronices dos sumos sacerdotes. Mas, com certeza, meu marido quer conversar contigo. É bom que compareças à Torre Antônia, mas não menciones este nosso encontro, por favor. Confio na tua disciplina e correção, até porque sei que simpatizas muito com o Rabi.

- Fique tranqüila, prezada senhora!

Cláudia deu um beijo no rosto bonito e másculo do centurião e desapareceu colina abaixo, rumo à Torre Antônia.

Cornelius pôs a mão no local do beijo, com vontade de segurá-lo, como lembrança perene da linda mulher.

Lauro Trevisan

31

A última ceia

Na quinta-feira, Jesus mandou Pedro e João prepararem a ceia pascal, com o cordeiro assado. Normalmente, esta celebração ocorre na noite de sexta-feira, mas Jesus antecipou para quinta, talvez baseado em certo grupo de escribas que entendia que, pelo calendário, a ceia pascal seria na quinta-feira.

- Onde queres que a preparemos? – indagou Pedro.

Jesus os instruiu:

- Ao entrardes na cidade, encontrareis um homem com um cântaro de água. Segui-o até a casa em que entrar e dizei ao dono da casa: "O Mestre manda perguntar-te onde é a sala reservada para ele comer a ceia pascal com seus discípulos". Ele vos mostrará uma sala espaçosa, na parte superior da casa, guarnecida de almofadas e triclínios. Aí fazei os preparativos".

Maria Magdalena e Joana pediram para acompanhá-los a fim de os ajudar nos afazeres necessários ao evento.

Chegada a hora, Jesus pôs-se à mesa com os discípulos.

Jesus sabia que era a última ceia. Deu-lhes palavras de ternura e amor. Pediu que se amassem mutuamente, assim como

O centurião que espionava Jesus a mando de Pilatos

ele os tinha amado:

- Se ficardes em mim e minhas palavras ficarem em vós, pedi o que quiserdes e alcançareis. Como meu Pai me amou, assim eu vos tenho amado. Permanecei no meu amor. Ninguém tem mais amor do que aquele que dá a vida por seus amigos. Já não vos chamo servos, mas amigos. Meu mandamento é este: Amai-vos uns aos outros. Ainda um pouco de tempo e já não me vereis; e mais um pouco de tempo e tornareis a ver-me.

Os discípulos estavam emocionados.

Pedro perguntou-lhe:

- Amado Rabi, que quereis dizer com estas palavras: "Ainda um pouco de tempo"?

Jesus explicou:

- Em verdade, em verdade, vos digo que haveis de chorar e gemer, ao passo que os grandes de Jerusalém estarão alegres; andareis tristes, sim, mas a vossa tristeza se converterá em alegria. Quando uma mulher está para dar à luz, se entristece, porque chegou a sua hora; mas, depois de dar à luz um filho, já não se lembra das angústias, pela satisfação que sente de ter nascido ao mundo um homem. Assim, também vós andais aflitos agora, mas tornarei a ver-vos e alegrar-se-á o vosso coração e já ninguém vos tirará a vossa alegria.

Jesus silenciou, por momentos, e prosseguiu:

- Em verdade, em verdade vos digo: Se pedirdes alguma coisa ao Pai, em meu nome, vo-la dará. Até agora nada pedistes em meu nome. Pedi e recebereis; e será completa a vossa alegria.

Para surpresa dos presentes, Jesus levantou-se da mesa, tirou o manto, apanhou uma toalha e cingiu-se com ela; sem pedir ajuda, deitou água numa bacia e pediu que os discípulos se apro-

Lauro Trevisan

ximassem. Passou a lavar os pés de cada um, enxugando-os com a toalha. Todos estavam estupefatos.

Um dos discípulos reagiu:

- Amado Rabi, esse é ofício dos escravos?!

Simão Pedro saltou na frente:

- Amado Rabi, tu me lavares os pés?! A mim, teu humilde servo?

Jesus confidenciou-lhe:

- O que eu faço, agora não podes compreender, mas, mais adiante, compreenderás.

Pedro não queria aceitar:

- Não me lavarás os pés nunca!

- Se não te lavar, não terás parte comigo – reagiu Jesus.

- Neste caso – exaltou-se Pedro – lava-me não somente os pés, mas também as mãos e a cabeça!

Enquanto Jesus lhe lavava os pés, explicou:

- Quem tomou banho, não precisa senão lavar os pés, pois já está limpo.

Olhou para Judas e sentenciou:

- Vós estais limpos. Mas nem todos.

Terminado o ritual de lavar os pés, Jesus retomou o manto e voltou à mesa.

A ceia estava muito apetitosa. O cordeiro, uma delícia! Vinho especial, oferecido por Lázaro, que pediu mil desculpas por não poder participar com suas irmãs.

Maria Magdalena estava à esquerda do Rabi, representando as mulheres do reino; e João, o amado de Jesus, à direita, em nome dos homens. Por este singelo gesto, Jesus indicava que veio salvar a todos indistintamente e todos teriam igual participação

O centurião que espionava Jesus a mando de Pilatos

no seu reino.

Inclinando-se para Jesus, Maria pediu que o Rabi divino explicasse o significado do seu gesto de lavar os pés.

Jesus apanhou um pedaço de pão e um pedaço de cordeiro, saboreou-os por instantes e depois falou:

- Compreendestes o que acabei de fazer?

Ninguém ousou responder.

- Vós me chamais Mestre e Senhor e dizeis bem, porque eu o sou. Se, pois, eu, o Senhor e Mestre, vos lavei os pés, deveis também vós lavar os pés uns aos outros. Dei-vos o exemplo, para que também vós façais como eu fiz.

Depois de solicitar que todos se servissem do vinho, proclamou:

- Não está o servo acima do seu senhor, nem o enviado acima de quem o enviou. Felizes de vós se isto compreendeis e puserdes em prática.

Nesse momento, Jesus abalou-se emocionalmente e fez uma grave denúncia:

- Quem come o pão comigo levantou contra mim o calcanhar. Em verdade, em verdade, vos digo: um de vós me há de trair.

Um murmúrio confuso de espanto contaminou a sala. Estavam atônitos. Havia um traidor no meio deles.

Simão Pedro fez sinal a João, que estava junto de Jesus:

- Pergunta de quem é que fala.

João reclinou-se ao peito do amado Rabi e indagou:

- Quem é, Senhor?

Jesus respondeu:

- A quem eu der o bocado de pão embebido, esse é.

Lauro Trevisan

Molhando o pedaço de pão no vinho, deu-o a Judas Iscariotes, filho de Simão.

Então, disse-lhe:

- O que estás para fazer, faze-o já.

Judas levantou-se, num rompante, pegou a bolsa do dinheiro e saiu como um raio.

Os presentes pensaram que iria comprar alguma coisa a mais para a festa.

A ceia teve seqüência e Jesus, no centro, falou-lhes emocionado:

- Filhinhos, ainda um pouco de tempo estou convosco. Dou-vos um novo mandamento: Amai-vos uns aos outros; amai-vos mutuamente assim como eu vos tenho amado. Nisto conhecerão todos que sois discípulos meus: em que vos ameis uns aos outros.

Simão Pedro quis saber:

- Aonde vais, amado Rabi?

- Aonde eu vou não me podes seguir agora; mais tarde, porém, me seguirás.

Pedro levantou-se, num gesto de bravura, e garantiu:

- Amado Rabi, por que não posso seguir-te agora? Dou a minha vida por ti!

Jesus rebateu:

- Dás a tua vida por mim? Em verdade, em verdade, te digo: Antes que o galo cante, negar-me-ás três vezes.

Todos olharam atônitos para Pedro, que resmungava:

- Não! Não! Não!

Jesus preparou os discípulos:

-Todos vos escandalizareis por minha causa, esta noite, pois

197

O centurião que espionava Jesus a mando de Pilatos

está escrito: "Ferirei o pastor e as ovelhas do rebanho se dispersarão". Mas, depois que eu tiver ressuscitado, vos hei de preceder na Galiléia.

Os discípulos e as discípulas estavam tão aflitos que não guardaram o que Jesus lhes dissera.

Ao final da ceia, antes de tomar o cálice principal da refeição para fazer a oração do agradecimento, como é costume, Jesus, tomou o pão, partiu-o e disse:

- Tomai e comei; isto é o meu corpo.

Distribuiu um bocado a todos os presentes.

Em seguida, tomou o cálice doirado, cheio de vinho, deu graças, e o apresentou aos discípulos, dizendo:

- Tomai e bebei dele todos, pois isto é o meu sangue, da nova e eterna aliança, que será derramado por vós e por todos em remissão dos pecados. Fazei isto em memória de mim. Onde quer que se renove este memorial, aí estarei eu presente.

O cálice passou de mão em mão e cada um participou devotamente do misterioso ritual.

Ao término da cerimônia inesquecível, Jesus levantou-se, despediu carinhosamente a todos, à exceção dos seus discípulos mais íntimos, e com esses se dirigiu ao outro lado da torrente do Cedron, num lugar chamado Getsêmani, ou Jardim das Oliveiras, onde costumava ir à noite para orar.

32

O centurião avisa Jesus
do perigo que corre

Em meio às árvores, apareceu um vulto diante de Jesus. Era o centurião.

- Meu bom Rabi! – começou Cornelius, preocupadíssimo. – Os sumos sacerdotes estão determinados a prender-te esta noite e querem condenar-te à morte, pois representas ameaça grave para eles e suas leis. Eles têm poder de julgamento, mas Roma não lhes dá poder de execução. Estou indo para novo encontro com Pilatos. Ele não vai condenar-te. Fujas para a Galiléia e lá te protegerei.

Jesus passou o braço nos ombros de Cornelius e confidenciou-lhe:

- Meu bom amigo, tuas palavras revelam a grandeza do teu coração. Mas, os desígnios do Pai não são os desígnios dos homens. Devo seguir a escalada até o fim, para cumprir a vontade de meu Pai.

- Vais permitir que te humilhem e te condenem? E a tua

*O centurião que espionava Jesus a mando de Pilatos*

missão, ficará a meio caminho?

Jesus respondeu-lhe afetuosamente:

- É necessário que se cumpra a caminhada de sacrifício, para a redenção da humanidade. Mais tarde, todos bendirão o meu gesto e entenderão o significado.

- Cuida-te, bom Rabi! A humanidade necessita de ti!

Despedindo-se, com um abraço, o centurião pôs-se à disposição:

- O que precisares de mim, usa-me, pois sei que és inocente!

Cornelius desapareceu nas sombras da noite, seguindo, às pressas, até a Torre Antônia.

Lauro Trevisan

33

A prisão no Jardim das Oliveiras

Jesus, então, tomou consigo Pedro e os filhos de Zebedeu, Tiago e João, e pediu que os demais ficassem aí sentados, enquanto ele iria orar.

Ao seguir adiante, com seus três discípulos queridos, começou a sentir imensa tristeza e angústia.

Confessou-lhes:

- Minha alma está acometida de tristeza mortal. Ficai aqui e vigiai comigo.

Adiantou-se um pouquinho e prostrou-se em terra, elevando ao Altíssimo esta súplica: "Meu Pai, se é possível, afasta de mim este cálice! Não se faça, porém, como eu quero, mas como tu queres!

Estraçalhado por imensa angústia, foi ter com os três discípulos e encontrou-os dormindo.

Lamentou:

- Meus amados, não pudestes vigiar uma hora comigo? A tragédia se aproxima a passos largos. Vigia e orai para não cairdes em tentação, pois o espírito é forte, mas a carne é fraca!

201

O centurião que espionava Jesus a mando de Pilatos

Os três discípulos espremeram os olhos sonolentos, pesarosos por não conseguir manter-se acordados.

Afastou-se de novo Jesus para orar: "Meu Pai, se este cálice não pode passar sem que eu beba, faça-se a tua vontade!"

Permaneceu indefinidamente neste estado; voltou, depois, para ver os seus e os encontrou dormindo. O vinho e a noite alta deixaram-nos de olhos pesados. Por mais que se empenhassem, não conseguiam ficar despertos.

Retornou à oração. Prostrado em terra, seus sentimentos subiam ao Pai, enquanto entrava em verdadeiro estado de agonia, a ponto de suar gotas de sangue, que escorriam por terra.

Apareceu-lhe então um anjo do céu, que o confortou, limpando-lhe o rosto amorosamente e aliviando seus sofrimentos. A paz desceu ao coração e ele pôde sentir que seu sacrifício libertaria a humanidade dos grilhões, das trevas, dos desesperos, do vazio existencial, da escravidão da alma.

Tornou aos discípulos e desabafou:

- Dormi agora e descansai! Eis que se aproxima a hora em que o Filho do Homem será entregue às mãos dos seus algozes.

Pegou-os pela mão e ergueu-os decididamente, dizendo:

- Levantai-vos! Vamos! Já está chegando aquele que me entrega!

No meio das árvores, vultos portando tochas acesas se aproximavam rapidamente. Judas Iscariotes, o traidor, trazia consigo oficiais, soldados da guarda do templo e servos, por ordem do sinédrio. Antes de chegar a Jesus, Judas avisou-os: "É aquele que eu beijar. Prendei-o!"

Com extremo fingimento, Judas beijou Jesus, saudando-o:

- Salve, Mestre!

Lauro Trevisan

Jesus olhou amorosamente para o seu desventurado discípulo e queixou-se:

- Judas, com um beijo tu trais teu amigo e mestre?!

O ex-discípulo retirou-se envergonhado e Jesus perguntou à turba:

- A quem procurais?

- A Jesus de Nazaré! – gritaram a uma.

- Sou eu! – declarou o Rabi, com firmeza e dignidade.

Os homens recuaram assustados.

Jesus tornou a perguntar, com autoridade:

- A quem procurais?

- A Jesus de Nazaré! – repetiram eles, sem empolgação.

- Já vos disse que sou eu.

Sob a ordem do chefe, lançaram-se sobre Jesus e o prenderam. Pedro, então, puxou da espada e cortou a orelha de Malco, um servo do sumo sacerdote.

Jesus o censurou:

- Embainha a tua espada. Todos aqueles que tomam da espada, perecerão pela espada. Ou pensas tu que se eu quisesse não poderia recorrer ao meu Pai, que me mandaria, num momento, mais de doze legiões de anjos? Mas, como então se cumpririam as escrituras segundo as quais é mister que isso aconteça?

Tocando na orelha de Malco, o curou.

Jesus retomou a palavra:

- Saístes para prender-me, na calada da noite, com paus e varapaus, como se eu fosse um salteador. Quando estava convosco no templo, não estendeste a mão sobre mim. Mas esta é a vossa hora, a hora do poder das trevas.

Os discípulos fugiram e os perseguidores levaram Jesus a

O centurião que espionava Jesus a mando de Pilatos

Anaz, sumo sacerdote já fora do cargo, mas o principal inimigo do Rabi.

Anaz abriu as portas do seu palácio e entraram algumas autoridades religiosas com o prisioneiro.

O pontífice aproximou-se de Jesus e o interrogou:

- O que é que andas pregando ao povo? O que queres com essa doutrina que desrespeita nossas leis? E os teus discípulos, que fazem eles?

Jesus lhe respondeu, com destemor:

- Eu sempre falei abertamente. Ensinei nas sinagogas e no templo, onde se reúnem os judeus. Nada preguei às ocultas. Por que me interrogas?

E, fixando os olhos nos olhos do pontífice, completou:

- Pergunta aos que ouviram meus ensinamentos; eles bem sabem o que eu disse.

Um dos guardas deu uma bofetada no Rabi, irritadíssimo com a resposta:

- É assim que respondes ao pontífice?

Jesus rebateu, com serenidade:

- Se falei mal, mostra onde está o mal; se falei bem, por que me bates?

Anaz não quis mais saber de nada e mandou que levassem Jesus ao sumo sacerdote em exercício, Caifaz, seu genro.

O sumo sacerdote Caifaz ansiava por conhecer pessoalmente o Rabi. Não estava interessado em saber a verdade sobre Jesus, pois já tinha proferido sua sentença unilateral e tendenciosa perante o sinédrio, quando afirmou que era preferível que perecesse um homem por causa da nação do que a nação por causa de um homem. Como autoridade máxima política e religi-

Lauro Trevisan

osa dos judeus, pouco lhe importava a justiça e sim a ordem e o poder. Mas havia um problema crucial. A única autoridade com poder de condenação e execução era Pilatos. Seria muito mau se fossem a Pilatos exigir a condenação sem provas de culpabilidade. Fizeram então desfilar algumas testemunhas falsas, entre as quais uma que declarou:

- Ouvi o homem afirmar: "Eu posso destruir o templo e reedificá-lo em três dias!"

Caifaz levantou-se e interrogou Jesus:

- Nada respondes ao que estes depõem contra ti?

Jesus permanecia calado diante de tanta estupidez.

O sumo sacerdote, então, usou toda sua autoridade para fazer Jesus falar:

- Eu te conjuro, pelo Deus vivo, que nos digas se és o Messias, o Filho de Deus.

Jesus o satisfez:

- Tu o disseste. E vos declaro: de agora em diante vereis o Filho do Homem sentado à direita do Poder e vir sobre as nuvens do céu!

Caifaz abriu os braços dramaticamente, rasgou as vestes e clamou em altos brados:

- Blasfemou! Blasfemou! Que necessidade temos ainda de testemunhas? Todos acabais de ouvir a blasfêmia.

Voltando-se para o seu séqüito, inquiriu:

- Que vos parece?

- É réu de morte! – gritaram.

Não havia outra resposta, tal a maneira unilateral com que a autoridade suprema conduzia a inquisição.

Pedro e João tinham seguido Jesus e chegaram até o palá-

O centurião que espionava Jesus a mando de Pilatos

cio de Caifaz. Como João era conhecido do pontífice, devido aos negócios de abastecimento que fazia ao palácio, deixaram-no entrar. Pedro ficou do lado de fora. A mulher que cuidava da portaria, olhou para Simão Pedro e perguntou, curiosa:

– Não és tu também um dos discípulos daquele homem?

– Não sou! – respondeu secamente Pedro, voltando o rosto para outro lado.

Nesse meio-tempo, João conseguiu que autorizassem também a entrada de Pedro. Os dois aguardavam os acontecimentos, nervosos e amedrontados, no pátio interno, juntamente com outras pessoas.

A noite estava fria. Os servos e guardas fizeram uma fogueira para as pessoas se aquecerem. Pedro, de pé, aquecia-se junto ao fogo, quando um dos servos do palácio, parente de Malco, o homem da orelha cortada, lhe inquiriu:

– Não és também tu um dos seguidores do Rabi da Galiléia?

– Não sou – foi a resposta ríspida de Pedro, que procurou afastar-se do fogo, para não chamar a atenção.

– Como não? – insistiu o servo. – Não te vi eu, por acaso, no Jardim das Oliveiras com o Galileu?

Todos se voltaram para Simão Pedro.

O discípulo negou com veemência, cheio de medo de ser preso.

Neste instante, o galo cantou e Pedro lembrou-se da profecia de Jesus. Saiu daí e chorou amargamente sua covardia.

Ao nascer do dia, por ordem de Caifaz, reuniu-se o sinédrio, supremo tribunal judeu, formado por setenta e um juízes, escolhidos entre os chefes de famílias sacerdotais; descendentes de famílias nobres; escribas, doutores peritos nas leis; e ex-sumos sacerdo-

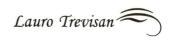

tes, chamados também de príncipes dos sacerdotes.

Jesus foi conduzido a esse tribunal para interrogatório.

Como não poderia deixar de ser, foi condenado à morte por blasfêmia, ao proclamar-se Filho de Deus. Amarraram o Rabi e o remeteram ao procurador.

O centurião que espionava Jesus a mando de Pilatos

34

Pilatos avalia a situação com o centurião Cornelius

Cornelius aguardava, no salão nobre da Torre Antônia, a audiência com o procurador.

Pilatos entrou na sala, com o rosto carregado, demonstrando muita irritação.

Sem cumprimentar o centurião, foi logo desandando:

-Esses miseráveis prenderam o Rabi da Galiléia sem me consultar. Pensam o quê? Acham que são donos da vida e da morte? Acham que são o poder maior aqui nessa terra? Onde está o respeito pelas leis determinadas por Roma? Demos um dedo a eles e já querem pegar a mão. Idiotas! Não sei se estás a par, mas ontem à noite mandaram prender o Rabi no Getsêmani.

- Conheço o local – explicou Cornelius. – É uma herdade particular, que possui um lagar para óleo e tem um belo jardim, onde pessoas amigas do proprietário, às vezes, passam a noite.

Pilatos continuou:

- Pois, agora estão levando o homem para cá e para lá,

fazendo circo com ele, querendo a sua morte. Imbecis! Não sabem que só eu posso condenar e executar alguém aqui nessa terra?

Enquanto Pilatos desancava o ferro da sua verborréia, o sinédrio tentava arrancar alguma coisa do Nazareno:

- Se és o Messias, dizei-nos.

Jesus lhes respondeu:

- Se eu disser, não acreditareis; se vos interrogar, não me respondereis. Mas, o Filho do Homem estará, no futuro, sentado à direita do Poder de Deus.

Um doutor da lei quis pegá-lo pela boca:

- Então, tu és o Filho de Deus?

Jesus não teve medo:

- Vós dizeis bem. Eu o sou.

Soou no recinto um confuso murmúrio de desaprovação.

Caifaz encerrou o caso:

- Estais vendo? Que necessidade temos de testemunhas? Vós mesmos ouvistes da sua boca. Levai-o a Pilatos e instai-o a que o condene à morte.

Pilatos conversava com o centurião quando chegou um guarda avisando que Caifaz e o sinédrio estavam lhe entregando Jesus para que o condenasse e o executasse.

Jesus chegou até o portal do palácio conduzido pelas autoridades e acompanhado de uma multidão de curiosos.

O povo ficou lá fora, cochichando:

Não é ele o Rabi da Galiléia?

- Sim - respondeu um transeunte – é aquele que, há uma semana, entrou festivamente na cidade, montado num jumento!

- Por que está sendo condenado? - indagou uma mulher,

O centurião que espionava Jesus a mando de Pilatos

penalizada.

- Deve ter acontecido algo muito grave! – supôs o homem, ao lado.

- É uma injustiça! – clamou um senhor, desoladamente.

- Quem és tu? – perguntaram várias pessoas, ao mesmo tempo.

- Eu era um paralítico e ele me curou, com uma bondade infinita. Estão sendo injustos com ele. Jamais cometeria algo errado.

-É verdade! – sustentou uma jovem bonita e elegante. – Só fez o bem!

35

O processo de Pilatos

Pilatos recebeu Jesus e seus acusadores no pretório.

Analisou Jesus, de alto a baixo, com extrema curiosidade e viu, desde logo, que só havia bondade e singeleza naquela pessoa.

- É um pobre coitado! – pensou. – Incapaz de matar uma mosca! Estão fazendo tempestade em pote de água.

Cláudia, esposa do prefeito, espiou por entre as cortinas e ficou com muita pena do Rabi.

Sentado no pretório, com vestes de juiz, inquiriu Pilatos aos presentes:

- Que acusações trazeis contra esse homem?

O chefe de uma família sacerdotal de renome, blasonou:

- Se não fosse um malfeitor, não o entregaríamos a ti.

- Perguntei sobre o que acusais o Rabi – irritou-se o procurador.

- Ele subverte as nossas leis – bradou um dos escribas.

O Prefeito olhou-os com arrogância e determinou:

-Então, tomai-o vós mesmos e julgai-o conforme vossas leis.

Ele sabia que não lhes era permitido condenarem e, por

O centurião que espionava Jesus a mando de Pilatos

isso, teriam que forçosamente libertar Jesus.

Os judeus rebateram:

- Não nos é permitido condenar ninguém à morte. Bem sabes disso, senhor Prefeito!

Pilatos devolveu-lhes:

-Também a lei romana não condena ninguém sem que tenha praticado comprovadamente delito digno de morte.

Os príncipes dos sacerdotes passaram a proferir atabalhoadamente um aluvião de acusações, uma mais reles que a outra.

- Baboseiras! – explodiu Pilatos, com sarcasmo.

Então, um doutor da lei, tão inteligente quanto maligno, aproximou-se do procurador e vociferou:

- É um subversivo, excita o povo contra as leis, proíbe pagar impostos a César e subleva a multidão, dizendo-se fundador de um reino contra Roma!

A acusação atingiu Pilatos no seu ponto nevrálgico.

Mandou chamar Jesus, que estava no pátio, sendo vigiado pelos soldados.

O pretor perguntou ao Rabi:

- És tu o rei dos judeus?

Jesus voltou-lhe a pergunta:

- Dizes isto de ti mesmo ou outros te disseram isso de mim?

O procurador não gostou da resposta:

- Acaso sou eu judeu? Teu povo e os príncipes dos sacerdotes te puseram nas minhas mãos. Que fizeste?

Vendo a sinceridade do questionamento de Pilatos, Jesus respondeu-lhe:

- Meu reino não é deste mundo. Se meu reino fosse deste

Lauro Trevisan

mundo, meus guardas e adeptos teriam combatido para que eu não fosse entregue aos judeus. Mas meu reino não é daqui.

Cornelius lembrou-se da conversa com o Rabi, no Jardim das Oliveiras, na noite da prisão.

O prefeito tentou pegar Jesus pela palavra:

- Falaste em reino, tu és rei?

- Tu o dizes, eu sou rei – confirmou Jesus.

E acrescentou:

- Para isto nasci e para isto vim ao mundo: para dar teste-munho da verdade. Todo aquele que é da verdade, escuta minha voz.

Pilatos recostou-se no espaldar da cadeira do pretório e falou, mais para si do que para Jesus:

- O que é a verdade? Cada um tem sua verdade. A verdade do julgador não é a verdade do condenado. A verdade dos meus deuses, não é a verdade do teu deus.

Neste momento, vendo que a conversa descambava para nada, os príncipes dos sacerdotes e acusadores prorromperam numa nova saraivada de invectivas, uma mais falsa que a outra.

O procurador tomou novamente a palavra:

- Não respondes nada?

Sempre que ouvia impropérios e falsidades, de corações corrompidos, Jesus preferia calar-se.

Pilatos estava surpreso, porque, geralmente, os acusados importantes aproveitavam toda chance para desbaratar os acusa-dores.

Levantou-se e se dirigiu aos príncipes dos sacerdotes e dou-tores da lei:

- Não acho culpa alguma neste homem.

O centurião que espionava Jesus a mando de Pilatos

O doutor da lei que anteriormente tecera as mais graves acusações, voltou à carga:

-Este homem é um agitador. Prega abertamente a sublevação contra Roma, desde a Galiléia, onde começou, até aqui!

Ao ouvir a menção da Galiléia, Pilatos lembrou-se de mandar Jesus para Herodes Antipas, governador da Galiléia, que estava em seu palácio, na capital.

- Como o Galileu é da jurisdição de Herodes Antipas, levai-o a ele, para que julgue.

Novamente o cortejo saiu às ruas em direção ao palácio de Antipas. Uma multidão imensa de povo, que viera para a festa da páscoa, seguia o prisioneiro, muitos revoltados contra o que faziam com o Rabi.

Vendo o pretório esvaziado, o procurador desabafou para o centurião:

- Que gente!

- E o pior – acentuou Cornelius – é que fazem essas aberrações em nome da religião e do Deus deles!

- Bastava olhar no rosto daquela gente que já dava para perceber a hipocrisia e a malvadez estampadas.

Pondo a mão no ombro do centurião:

- Cornelius, acompanhe a situação lá fora. Se houver tumulto, me avise, que mando minha coorte desbaratar essa corja de malditos!

O centurião saiu à rua.

Herodes ficou contente de receber Jesus, pois há muito tempo desejava conhecê-lo. Ouvira muitos depoimentos prós e contra o Rabi. Soubera, inclusive, de vários milagres, alguns contados por Joana, e estava ansioso por vê-lo fazer alguma façanha na sua presença.

Os príncipes dos sacerdotes, mais um bom número de escribas e alguns anciãos do povo, não deixavam um instante sequer de seguir o Rabi, pois tinham pressa de condená-lo, antes que pudesse haver qualquer revolta do povo.

Quando Herodes abriu as portas para Jesus, os acusadores entraram de roldão, tecendo, desde logo, muitas ofensas contra o Rabi da Galiléia, que ouvia tudo calado.

Inicialmente, Herodes desvelou, com os olhos, a dimensão física do Rabi. Em seguida, pediu-lhe a demonstração de um milagre, mas Jesus permaneceu silencioso.

Enojado com a atitude do Rabi, revestiu-o com um manto de púrpura, riu como doido da brincadeira, e devolveu-o a Pilatos.

Nesse dia, Herodes e Pilatos fizeram as pazes, pois eram inimigos.

O centurião que espionava Jesus a mando de Pilatos

36

Pilatos não resiste à pressão e condena Jesus

O procurador, ao ver o retorno do Rabi ao seu pretório, resmungou mal-humorado:

- De novo estourando nas minhas mãos!

Convocou, de imediato, os príncipes dos sacerdotes, magistrados e escribas e tratou de resolver a questão:

- Vós me apresentastes este homem, acusando-o de sublevar o povo; ora, eu o interroguei diante de vós e não o achei culpado de nenhum dos crimes de que o acusais. Nem tampouco Herodes, pois que o devolveu sem sentença alguma.

Então, sentou-se no pretório e enfrentou o grupo, declarando:

- Nada praticou ele que mereça a morte. Vou mandar castigá-lo e depois o soltarei!

Sem ouvir as reclamações daquela gente, retirou-se para seus aposentos e mandou chamar o centurião Cornelius.

A soldadama pegou Jesus e o levou ao pátio do pretório,

Lauro Trevisan

pois toda flagelação devia obrigatoriamente ser executada em público. Retiraram a túnica e o manto, vestiram-lhe trapos e o jogaram para o meio do pátio. Em seguida, cada qual pegou o seu flagelo, espécie de azorrague com tiras de couro que terminavam com correntes de metal, que tinham presas na ponta bolinhas de chumbo ou gancho, e dois deles começaram a flagelação.

Os golpes impiedosos se sucediam sem parar, traçando dolorosos vergões, com jorros de sangue pelo corpo de Jesus, que gemia, amarrado, como cordeiro no matadouro. Era uma cena dantesca, horrível, animalesca, sobre um pobre inocente, que só fizera o bem ao mundo.

A coroação de espinhos não fazia parte do ritual do castigo. Foi idéia dos próprios soldados, ao saberem que o condenado se dizia rei. Perto do fogo, usado para aquecer os soldados em noites de vigília, havia lenha e plantas espinhentas. Pegaram esses espinhos, teceram uma coroa e, com gestos de zombaria e sarcasmo, coroaram-no rei.

Cláudia, num dos salões nobres da fortaleza, aproximou-se do marido, beijou-o carinhosamente, deu-lhe uma bebida quente, com pão aquecido, e comentou:

- Estou contente que tenhas sido justo no julgamento. Com razão, não encontraste culpa no Rabi. Mas, estás contornando o caso de maneira perigosa. Mandar flagelar um homem apenas por causa da pressão, vai deixar marcas no teu coração e na tua imagem política. Imagines se assim fizesse Tibério contigo. Tu és a justiça. As autoridades do templo querem, de qualquer forma, a sentença de morte contra o Rabi, mas fazem de tudo para jogar em teus ombros a responsabilidade do ato, pois assim evitam a ira do povo; bem sabes que Jerusalém agora tem mais de cem mil

O centurião que espionava Jesus a mando de Pilatos

peregrinos e muitos, muitos, são simpatizantes do Rabi. Por onde ele ia, a multidão seguia atrás.

Um oficial pediu licença e avisou que o centurião Cornelius estava à espera.

- Mande-o entrar.

Cornelius saudou respeitosamente Pilatos e a bela esposa Cláudia, que sentiu um frêmito no coração ao rever o másculo e bem apessoado centurião.

O procurador comentou:

- Os homens da religião estão sedentos de sangue. Querem porque querem que eu condene à morte o Rabi.

Claudia completou:

- Fazem pressão cerrada sobre Poncio, tentando acovardá-lo e arrancar-lhe a sentença.

Pilatos suspirou:

- Eh, ser autoridade aqui nesta terra, no meio de fanáticos religiosos hipócritas, que invocam o deus deles como avalista de seus atos, é empreitada difícil!

- Como é que está a situação neste momento? – indagou Cornelius, discretamente.

- Para acalmar aquela corja, mandei castigar o Galileu e, depois desta penalidade, determinarei que o soltem.

O centurião informou:

- Lá fora, os líderes do templo estão insuflando palavras de ordem e gritos, no intuito de conseguirem a condenação.

- São víboras peçonhentas! Espero que, depois de verem o pobre homem, inofensivo e inocente como ele só, totalmente banhado em sangue, flagelado como sabem fazer nossos soldados, hão de ter compaixão e aceitarão a sentença de soltura.

Lauro Trevisan

Mais tarde, Pilatos recebeu novamente os príncipes dos sacerdotes, escribas e anciãos do povo, que entraram empurrando para o pátio uma multidão furiosa com eles: servos, guardas do templo, faxineiros, servidores, fiscais, coletores.

Cornelius saiu à rua para controlar o movimento do povo.

Pilatos mandou trazer Jesus.

Três soldados, ainda de flagelo em punho, faceiros pelo trabalho, entregaram Jesus, com horrível coroa de espinhos na cabeça, o corpo vestido novamente, cortado de cima abaixo por enormes vergões que destilavam sangue abundante, o rosto desfigurado, um pavor!

Pilatos sentou no pretório, ao alto, no exercício da função de juiz, mostrou o Nazareno naquele estado horroroso, e bradou:

- Eis o homem!

Seus olhos se cruzaram com os olhos de Jesus e sentiu uma dor tão aguda que ameaçou combalir seu coração. Mas, era necessário, neste momento, ser forte, muito forte. Depois, até pagaria a ele um tratamento de recuperação.

O povo sentiu um rasgo de compaixão, mas os líderes, que dominavam a frente da turba, começaram a gritar:

- Crucifica-o! Crucifica-o!

Em poucos instantes, era uma gritaria infernal.

O procurador estava decepcionado.

Claudia mandou um recado ao marido: "Não te envolvas com esse justo, porque hoje me afligi muito, em sonho, por causa dele".

- Que farei? – pensou o prefeito.

Súbito, lembrou-se que, por ocasião da páscoa, havia o costume de soltar um prisioneiro, anistiado.

O centurião que espionava Jesus a mando de Pilatos

Chamou o oficial de ordens e mandou que trouxesse o bandido Barrabás.

Em poucos minutos, empurraram para a esquerda do pretor o bandido terrorista, conhecido como Barrabás, cabelos desgrenhados, roupas imundas, rasgadas, olhos esbugalhados, barbas rudes fechando quase todo o rosto, cheio de marcas.

Pilatos ergueu-se e falou:

- É costume soltar um prisioneiro por ocasião da páscoa. A quem quereis que eu liberte: a Jesus, chamado o Messias, ou a Barrabás?

Comandados pelos líderes, gritaram:

- Barrabás! Barrabás!

O bandido ergueu os braços, como se tivesse ganho um troféu.

Pilatos mal conteve a raiva contra aquela gente. Por um momento, sentiu vontade de mandar passar todos a fio de espada.

Recompôs-se e perguntou:

- Que farei então de Jesus, chamado o Messias?

A gritaria encheu os espaços da Torre Antônia:

- Crucifica-o! Crucifica-o!

O procurador tentou, ainda uma vez, movê-los à compaixão:

- Que mal fez ele? Sabeis todos vós que ele é inocente!

- Crucifica-o!

Irritado, o prefeito insistiu:

- Esse homem é inocente. Não mancharei minhas mãos com seu sangue. Tomai-o vós e crucificai-o!

O chefe das famílias sacerdotais bradou:

Lauro Trevisan

- Nós temos uma lei e segundo esta lei ele deve morrer, porque se diz filho de Deus!

- Isso não é problema para Roma! Um filho de deus a mais ou a menos não faz diferença! Hoje Tibério se considera um deus, amanhã outro imperador se arrogará esse título e Roma continua Roma! Não o condenarei! – berrou Pilatos.

Novamente surgiu a voz do inteligente e cínico doutor da lei:

- Se não o condenares, não és amigo de César. Este homem sublevou o povo contra Roma e quis fundar um reino contra Roma.

- Crucificarei o vosso rei? – tornou sarcasticamente Pilatos.

O doutor da lei voltou a tentar atingir o fraco do procurador romano:

- Não temos outro rei senão César. Se não o condenas estás contra Roma e te denunciaremos a Tibério!

Pilatos se entregou. A política e os interesses pessoais falaram mais alto. Enquanto o tumulto recrudescia, sentou-se na cadeira pretória, mandou trazer água numa bacia e lavou as mãos diante da multidão, descomprometendo-se:

- Sou inocente do sangue deste justo. A vós caberá a responsabilidade!

A multidão, atiçada pelos líderes, clamou:

- Crucifica-o!

- Vós sereis culpados pelo sangue inocente! – acusou-os, como derradeira tentativa.

- Que seu sangue caia sobre nós e nossos filhos! Crucifica-o! Crucifica-o! – gritavam cada vez mais alto.

Pilatos assinou a sentença de morte, enojado de ver líderes

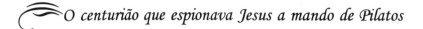
O centurião que espionava Jesus a mando de Pilatos

religiosos sedentos do sangue de um pobre coitado, e entregou-o para a crucificação.

Judas, sabendo da condenação de Jesus, foi tomado de insuportável remorso e correu aos sumos sacerdotes para devolver as trinta moedas de prata que recebera e avisar que o Rabi era inocente.

- Pequei - confessou ele - entregando o sangue inocente.

Eles riram-se desdenhosamente:

- Que nos importa? Isso é contigo!

Judas saiu desesperado, jogou as moedas no templo e, em estado de supremo transtorno mental, enforcou-se.

Os sumos sacerdotes recolheram o dinheiro e, considerando-o impuro para colocá-lo no tesouro do templo, compraram, com ele, um pequeno campo de um oleiro e fizeram um cemitério para forasteiros. Passou então a chamar-se Hacéldama, que significa campo de sangue.

Lauro Trevisan

37

A caminho do calvário e a crucificação

O cortejo saiu da Torre Antônia e percorreu um trajeto de cerca de seiscentos metros, passando pela Porta de Efraim até chegar a uma colina rochosa, fora dos muros, chamada Calvário, ou Gólgota, que quer dizer caveira ou crânio.

Jesus, totalmente deformado pelos açoites, sangrando, quase esvaído em forças, foi carregando às costas o patíbulo, escoltado por soldados romanos.

Muita gente parava à beira das calçadas e junto às casas para ver a cena dolorosa.

Numa curva, Jesus se deparou com algumas mulheres, que choravam, vendo tanto sofrimento.

Jesus olhou-as com carinho e lhes disse:

- Filhas de Jerusalém, não choreis por mim, mas chorai por vós mesmas e por vossos filhos.

Quando Jesus caiu por terra, extenuado, Maria Magdalena correu para ele com uma toalha e um pouco de água.

- Amado Rabi, que fizeram contigo! – chorou ela, enquanto enxugava seu sangue e lhe dava de beber.

O centurião que espionava Jesus a mando de Pilatos

Os soldados a repeliram. Com um açoite nas costas, Jesus prosseguiu a trágica caminhada, totalmente exaurido. Alguns passos à frente e desabou sob o peso do patíbulo.

- Vamos! Levante! – gritou um soldado, dando um pontapé no Rabi.

Recolhendo suas últimas forças, Jesus obedeceu o carrasco.

Mas, a ladeira era íngreme e o Rabi não suportou o peso do patíbulo, caindo debaixo do madeiro.

Enquanto o oficial chamava alguém para transportar o patíbulo, uma senhora chamada Verônica, discípula do Rabi, correu para o seu amado, com uma toalha, e enxugou seu rosto.

O soldado apontou para um homem que assistia o cortejo:

- Tu aí, como te chamas?

- Simão.

- De onde?

- De Cirene. Mas não tenho nada com essa seita!

- Carrega o madeiro! - ordenou o oficial.

- Não, eu não! – exclamou ele, com medo que o confundissem como malfeitor.

O oficial ameaçou-o com o flagelo. O homem correu para Jesus e pegou o patíbulo. Totalmente exausto, o Nazareno agradeceu e disse-lhe que teria parte no seu reino. Tocado em seu coração, Simão assumiu todo o peso do patíbulo e, com ele às costas, subiu a rampa até o cume do Gólgota.

Dois ladrões já estavam pregados na cruz e suspensos.

Os soldados arrancaram as vestes de Jesus e o envolveram apenas num pequeno pano branco.

Pregaram o patíbulo, que era a haste horizontal, na vara vertical; fixaram uma placa com a causa da condenação: Jesus

Nazareno Rei dos Judeus.

Quando os príncipes dos sacerdotes viram a placa, correram para Pilatos, a reclamar:

Escreva que ele se dizia Rei dos Judeus.

Pilatos voltou-lhes as costas:

- O que escrevi, escrevi!

Era a terceira hora quando Jesus foi erguido na cruz. Estavam lá apenas os soldados, Maria, mãe de Jesus; a irmã de sua mãe; Maria, mulher de Cléofas; Suzana, Débora, Maria Magdalena, Joana; e João, o discípulo mais amado de Jesus.

Um dos bandidos olhou para Jesus e pôs-se a escarnecê-lo:

- Não és tu o Messias, o rei dos judeus? Pois então salva-te a ti mesmo e a nós também! Enganador!

Foi severamente repreendido pelo companheiro:

- Cala a boca, idiota! Não temes a Deus, tu, que sofres a mesma pena? Para nós, o castigo é justo; estamos pagando pelos nossos crimes, mas este homem é inocente!

Olhando para Jesus, pediu:

- Senhor, lembra-te de mim quando estiveres no teu reino!

Jesus voltou o rosto para ele, com amor, e respondeu:

- Ainda hoje estarás comigo no paraíso.

Vários soldados e alguns escribas, que fiscalizavam o cumprimento da sentença, ridicularizavam Jesus, fazendo chacotas. Jesus teve pena de tanta ignorância e insensibilidade. Exclamou:

- Pai, perdoai-lhes, porque não sabem o que fazem!

Maria, a mãe, olhava para o filho com imensa ternura, pedindo a Deus que aliviasse e abreviasse seus sofrimentos.

Magdalena dava-lhe coragem!

Vendo Jesus sua mãe e perto dela o discípulo amado, disse

O centurião que espionava Jesus a mando de Pilatos

para ela:

- Eis aí teu filho!

Em seguida, olhou para o jovem João e recomendou-lhe:

- Filho, eis aí tua mãe!

Sufocado sob o próprio peso, Jesus ergueu-se o que pôde para tomar fôlego e bradou:

-Eloí, Eloí, lama sabactani? - que quer dizer: "Meu Pai, meu Pai, por que me abandonaste?"

Alguns que lá estavam, comentaram:

- Está chamando por Elias!

Neste momento, chegou, a todo galope, o centurião Cornelius, abraçou Maria, mãe de Jesus, Maria Magdalena, João, as pessoas amigas que lá estavam e se dirigiu ao Rabi:

-Meu bom Rabi, és um herói! Um dia a humanidade vai bendizer esse gesto, pelo qual entendes que estás redimindo o mundo!

Jesus, já sem forças, olhou-o amorosamente.

Momentos depois, espremendo os lábios ressequidos, Jesus falou:

– Tenho sede!

Maria saiu à procura de um pote com água, mas o centurião fez-lhe sinal para ficar onde estava; e explicou:

- Nesta hora se costuma dar um pouco de vinho com mirra, que é um bom anestésico para aliviar a dor deste momento extremo.

Um soldado fez a poção e levou-a aos lábios do crucificado.

Pouco depois, Jesus, sentindo chegar sua hora, clamou:

-Tudo está consumado!

Então, bradou, com suas derradeiras forças:

Lauro Trevisan

- Pai, em tuas mãos entrego meu espírito!

E expirou.

Nesse instante, o mundo desabou. A terra estremeceu, as rochas se romperam, o tempo escureceu, o véu do templo rasgou-se em duas partes, vários sepulcros se abriram e mortos ressuscitaram, entrando na cidade e sendo vistos por muitos. Pânico e caos.

O centurião exclamou impressionado:

- Verdadeiramente, este era o filho de Deus!

Ninguém resistiu a esse transe de dor indescritível.

Maria Magdalena murmurou, entre lágrimas, apontando para a cruz:

- Aí está uma história de amor, suspensa entre o céu e a terra.

Maria, a mãe, com o coração rasgado de dor, olhava para o seu filho amado, alheia a tudo e a todos.

Os soldados, indiferentes ao crucificado e aos fenômenos da natureza, reuniram-se para repartir os espólios. Quando pegaram a túnica, viram que era de tecido de alta qualidade, inconsútil; ao invés de rasgarem em pedaços iguais, resolveram tirar a sorte a ver a quem pertenceria.

Antes que pegassem o manto de Jesus, o centurião tomou-o para si e beijou-o piedosamente:

- É um manto sagrado!

Maria Magdalena cochichou algo para Cornelius, que se dirigiu ao soldado agraciado com a túnica:

- Quero esta túnica. Pago-te dez denários.

O soldado entregou-a, feliz da vida.

O centurião dobrou a veste cuidadosamente e passou-a às mãos de Magdalena:

227

O centurião que espionava Jesus a mando de Pilatos

- Por favor, entrega a Marta e Maria; saberão guardar essa relíquia, mais do que ninguém, pois foram elas que ofereceram ao Rabi.

Olhando para Magdalena, pediu escusas:

- Desculpa-me!

Maria Magdalena beijou o centurião e confidenciou-lhe:

- Está tudo bem. Eu tenho comigo o cálice sagrado da última ceia.

Como a tarde desta trágica sexta-feira ia adiantada, os judeus pediram que fossem quebradas as pernas dos crucificados, para que pudessem ser retirados da cruz antes do anoitecer, já que, com o despontar das primeiras estrelas, o sábado começaria a ser observado, devendo então ser evitado qualquer tipo de trabalho.

Os soldados quebraram as pernas dos dois bandidos, mas não o fizeram com Jesus, pois já estava morto. Mas, por via das dúvidas, um soldado transpassou o peito de Jesus com uma lançada, de onde apenas escorreu um pouco de sangue e água.

Todas as pessoas, ligadas ao Rabi, estavam preocupadas com o sepultamento.

José de Arimatéia, membro notável do sinédrio, amigo de Jesus, já tinha ido, por conta própria, a Pilatos pedir o corpo do Rabi, a fim de sepultá-lo, antes do anoitecer, em seu próprio sepulcro.

Pilatos admirou-se de que Jesus já estivesse morto. Mandou chamar o centurião Cornelius e, confirmado da morte, autorizou a retirado do corpo.

Lauro Trevisan

38

O sepultamento e a ressurreição

Quando José de Arimatéia e o centurião chegaram com a autorização, Jesus foi descido e colocado nos braços da sua mãe, que, por instantes indefinidos, o acariciou e o beijou, cortada de dor.

Chegou também Nicodemus, simpatizante e amigo do Rabi, com cerca de cem libras, aproximadamente trinta quilos, de uma mistura de mirra com aloés, própria para embalsamamento.

José de Arimatéia pediu licença a Maria para envolver o corpo num grande lençol, que trouxera.

Em seguida, o cortejo - formado por Maria, mãe de Jesus; Maria Magdalena; Maria, irmã da mãe de Jesus; Nicodemus; o discípulo João; Joana, esposa do administrador de Herodes Antipas; o centurião Cornelius; Salomé; Débora; Suzana; Simão de Cirene; mais Lázaro, Marta e Maria, que acabavam de chegar de Betânia; e outras pessoas amigas - se dirigiu até o belo e amplo sepulcro, cavado na rocha, a pouca distância, pertencente ao doutor da lei José de Arimatéia. A sepultura particular do escriba tinha um belo jardim ao redor.

O centurião que espionava Jesus a mando de Pilatos

Foi feito um rápido embalsamamento, com os produtos que dispunham na hora, mas a mulheres prometeram retornar, após o descanso obrigatório do sábado, para completar o trabalho.

Terminado o breve ritual, rolaram a grande pedra redonda, para fechar o sepulcro.

No dia seguinte, sábado, os sumos sacerdotes e alguns fariseus foram ter com Pilatos:

- Senhor prefeito, nós estamos bem lembrados de que aquele impostor disse em vida: "Depois de três dias, ressuscitarei". Ordena, pois, que o sepulcro seja bem guardado até o terceiro dia, para evitar que os discípulos venham roubar o corpo e digam ao povo que ele ressuscitou dos mortos. Esta impostura seria pior do que a primeira.

Pilatos resmungou:

- Nem depois de morto não deixais o homem em paz!

Falou-lhes com desinteresse:

- Tendes a vossa guarda. Ide e guardai-o como quiserdes.

Eles foram às pressas até o sepulcro, selaram a pedra de entrada e puseram guardas.

***

No primeiro dia da semana, bem cedo, Maria Magdalena, Maria, mãe de Tiago, e Salomé, compraram aromas para ir embalsamar o amado Rabi. A caminho, estavam tomadas de uma preocupação: como rolariam a grande pedra que fechava o sepulcro?

Era ao nascer do sol, no frescor da manhã, quando chega-

Lauro Trevisan

ram ao local da sepultura.

Para assombro delas, a sepultura estava aberta. Assustaram-se, mas, encorajando-se mutuamente, entraram. O corpo de Jesus não estava lá.

- Meu Deus?! – exclamou Maria Magdalena.

Viram, então, um jovem, de vestes resplandecentes, rosto bonito, sentado à direita. Ficaram mais apavoradas ainda e quiseram fugir.

Mas o jovem tranqüilizou-as:

- Não vos assusteis. Procurais Jesus, o Nazareno, o crucificado: ressuscitou, não está aqui. Vede o lugar onde o tinham colocado. Ide agora dizer aos seus discípulos, especialmente a Pedro, que Jesus ressuscitado os precederá à Galiléia e lá o vereis, como ele vos tinha dito.

Salomé convidou as companheiras:

- Vamos correndo avisar a Simão Pedro!

Magdalena respondeu:

- Ide vós, que eu quero ficar, para ver o que aconteceu.

Maria, mãe de Tiago, e Salomé, saíram às pressas, muito agitadas, e correram a avisar Pedro e João de que o túmulo de Jesus estava vazio.

O *centurião que espionava Jesus a mando de Pilatos*

39

As aparições de Jesus

Maria Magdalena quedou-se no jardim, perplexa e temerosa. E muito triste. Pensou que tivessem os judeus roubado o corpo e escondido em algum lugar, para evitar qualquer espécie de culto ao morto.

Chorava à beira da sepultura, quando ouviu uma voz:

- Senhora, por que choras? A quem procuras?

Magdalena voltou-se e pensou que era o jardineiro:

- É que tiraram o meu Rabi da sepultura e não sei onde o puseram. Se foste tu, dize-me onde o puseste e eu o levarei!

Jesus, então, se revelou:

- Maria!

Magdalena explodiu de alegria e atirou-se aos pés de Jesus, beijando-os e derramando lágrimas de felicidade.

Jesus acariciou-lhe os cabelos e disse-lhe:

- Não me segures ainda. Mas vai ter com meus irmãos e leva a eles esta boa notícia. Avisa-os que os verei na Galiléia.

***

Lauro Trevisan

No templo e nos palácios de Anaz e de Caifaz, o alvoroço era total. Os guardas do sepulcro foram avisar que, pela madrugada, houve uma explosão de luz celestial no sepulcro e o corpo desaparecera. Quando se deram conta, o sepulcro estava vazio.

- Vós estáveis dormindo! – xingou Caifaz.

- Nunca! – prorromperam eles. – Todos permanecemos despertos e vigilantes.

Caifaz, os príncipes dos sacerdotes e alguns anciãos do povo estavam perturbados e preocupadíssimos.

Tomaram, por fim, uma decisão. Chamaram os guardas, deram-lhes boa remuneração e os obrigaram a divulgar que, enquanto dormiam, vieram os discípulos do Rabi e roubaram o corpo.

- Há um problema – atreveu-se a falar um dos guardas.

- O quê? – perguntou um pontífice.

- Quem sentenciou a condenação do Rabi foi o procurador. Se souber que nós dormíamos durante a vigília, poderemos ser punidos.

- Deixem que eu cuido disso – tranqüilizou-os Caifaz.

***

Pedro e João, ao ouvirem as notícias sobre Jesus, saíram de imediato em direção ao sepulcro. João, mais jovem, amigo particular de Jesus, correu na frente e chegou antes. Por respeito a Pedro, esperou-o no jardim e deixou que Pedro entrasse primeiro. Para espanto de ambos, o túmulo estava vazio. O lençol ainda estendido, como se o Rabi tivesse evaporado, deixando apenas as marcas ensangüentadas da sua presença.

Comentando entre si, passaram a recordar as vezes em que

233

O centurião que espionava Jesus a mando de Pilatos

Jesus os tinha informado que ressuscitaria ao terceiro dia. Desceram a colina para anunciar o fenômeno aos demais discípulos, escondidos que estavam na sala onde se dera a ceia pascal.

***

Pela tardinha, dois discípulos seguiam pela estrada rumo à povoação de Emaús, onde residiam, cerca de cento e sessenta estádios de Jerusalém, aproximadamente onze quilômetros.

Conversavam sobre a tragédia que se abatera sobre seu Rabi: o aprisionamento, a flagelação, a escalada do Gólgota e a crucificação.

De repente, aproximou-se deles um viandante, que entrou na conversa:

- Vejo que estais muito tristes. Dialogais sobre o quê? Que aconteceu?

Cléofas perguntou-lhe:

- Amigo, és tu o único forasteiro em Jerusalém, que ignoras o que se passou nesses dias?!

- Que foi? – inquiriu o forasteiro, que não era outro senão o próprio Jesus.

- Aquilo de Jesus, o Nazareno – explicou-lhe Cléofas. – Era um profeta, poderoso em obras e palavras, diante de Deus e de todo povo. Mas os sumos sacerdotes e os nossos magistrados entregaram-no à pena de morte e crucificaram-no. Nós, porém, esperávamos que fosse ele o salvador de Israel. Já é o terceiro dia, desde que tudo aconteceu. É verdade que algumas de nossas mulheres nos aterraram, dizendo que tinham ido ao sepulcro, no alvorecer, e não acharam o corpo. Voltaram então com a notícia de terem visto um anjo que declarou que o Rabi está vivo. Pedro e

Lauro Trevisan

João foram ao sepulcro e confirmaram tudo o que as mulheres tinham dito. A Jesus, no entanto, ninguém ainda o viu.

Jesus lhes falou:

- Oh, homens sem critério! Como sois tardos de inteligência! Não lestes nos profetas e não ouvistes do próprio Jesus que ele devia padecer espontaneamente tudo aquilo para salvar a humanidade e depois entrar na sua glória?

Principiando por Moisés, discorreu por todos os profetas, para explicar-lhes o que foi dito sobre o Messias, nas escrituras.

Cléofas expôs sua dúvida:

- Sabemos que ele é o Messias, mas não pensávamos que tudo acabaria como acabou.

Jesus retornou:

- Meus amigos, ele mesmo não avisou que era vontade do Pai que sofresse a execução da cruz para expiar os males da humanidade? Se o fizesse apenas pelo poder da palavra, acreditariam nele? A humanidade se daria por redimida? Desde os primórdios dos tempos, o método de expiação e adoração não foi o sacrifício?

Enquanto conversavam animadamente, chegaram em Emaús e os dois discípulos insistiram para que o viandante ficasse com eles:

- Fica conosco, que já está anoitecendo! – pediu Cléofas.

Jesus entrou com eles, sentou-se à mesa e, atendendo ao convite, tomou o pão, benzeu-o, partiu-o e o deu a eles.

Neste momento, abriram-se os olhos dos dois e reconheceram que era o próprio Jesus que estava com eles. No mesmo instante, Jesus desapareceu.

Os dois choraram de emoção e felicidade.

Foram até a porta e nada mais viram.

Comentaram extasiados:

O centurião que espionava Jesus a mando de Pilatos

- Agora percebemos como se abrasava o nosso coração, pelo caminho, quando nos falava e nos explicava sobre as escrituras!

Na mesma hora regressaram a Jerusalém para contar o episódio aos demais discípulos, que estavam reunidos na sala da última ceia.

Os dois encontraram os discípulos em grande euforia e alvoroço. Contaram a história de Emaús e ouviram tudo que vinha sucedendo em Jerusalém.

Tiago lhes falou, com muita alegria e brilho nos olhos:

- O senhor ressuscitou realmente. Apareceu a Simão e a algumas mulheres!

***

Ainda estavam comentando os fatos, quando Jesus se apresentou no meio deles.

- A paz esteja convosco! – saudou-os, amorosamente.

Os presentes quase desmaiaram de susto. Jamais imaginariam que isso pudesse acontecer. Há três dias, numa cruz, entre o céu e a terra, banhado em sangue, agora aí junto deles, bonito, cheio de vida, iluminado. Um tremor percorreu a espinha deles.

Jesus sorriu:

- Por que esse medo? E por que essa dúvida em vossos corações? Vede as minhas mãos e os meus pés. Sou eu mesmo. Espírito não tem carne e osso, como vedes que eu tenho.

O impacto foi de uma explosão, mas alguns não acreditavam no que viam. Seria alucinação coletiva?

Jesus procurou tirar-lhes a dúvida:

- Tendes aqui algo para comer?

Lauro Trevisan

Ofereceram-lhe peixe assado e um favo de mel. Ele tomou e comeu, diante deles.

Pouco depois, desapareceu, deixando todos os discípulos e discípulas muito felizes.

Ainda comentavam o fato, quando chegou Tomé. Os companheiros saltaram diante dele para contar-lhe, em altos brados:

- Vimos o Senhor! Vimos o amado Rabi!

- Estais alucinados! – contestou Tomé. – Se eu não tocar com estas mãos no lugar dos cravos e não meter o dedo no lado do peito ferido, não acreditarei!

***

Passados oito dias, Jesus apareceu novamente aos discípulos e discípulas reunidos, saudou-os com a paz e se dirigiu a Tomé:

- Chega aqui teu dedo nas minhas mãos! Vem com tua mão e coloca-a aqui no lado do peito. E não sejas descrente, mas crente!

Tomé ficou pálido, apequenado, envergonhado. Ajoelhou-se e exclamou, contrito:

- Meu Senhor e meu Deus!

Jesus ajudou-o a levantar-se, dizendo:

- Tens fé, porque viste. Bem-aventurados os que não viram e, todavia, creram!

Depois que Jesus desapareceu, lembraram que prometera estar com eles na Galiléia.

Alguns discípulos e discípulas tomaram o caminho de Cafarnaum.

***

O centurião que espionava Jesus a mando de Pilatos

Certa noite, Maria Magdalena estava sentada no alto da colina - na mesma pedra em que Jesus atendera as crianças. Lembrava os anos passados na companhia maravilhosa do seu amado Rabi. De repente, ouviu uma voz:

- A paz esteja no teu coração!

Olhou em torno e viu seu amado Rabi ao seu lado.

- Meu amado Rabi, meu querido Jesus! – exclamou ela, abraçando-se a ele. – Como estás bonito! Como estás feliz! És um herói! O mundo jamais esquecerá o teu gesto! Teu nome será eternamente proclamado!

Enquanto Maria beijava, abraçava e falava ao mesmo tempo, Jesus sentia os eflúvios amorosos daquele coração abençoado.

- Teu nome também será proclamado pelo mundo afora, porque venceste o preconceito, as afrontas, as ofensas, a mudança de vida. A grandeza do teu amor e a beleza do teu coração serão exemplo para muita gente.

Passando a mão nos cabelos de sua discípula amada e fiel, pediu que transmitisse sua saudação carinhosa a Joana, também a Maria, mãe de Tiago, a Salomé, Débora, Suzana, e às outras mulheres que o acompanharam sempre.

Depois que Jesus desapareceu na noite, tal como tinha surgido, Maria permaneceu longo tempo em estado de sublime felicidade.

***

Pela manhã, estava o centurião caminhando pela praia, nos arredores de cafarnaum, a refletir sobre os últimos acontecimentos, quando Jesus surgiu, à pequena distância, e saudou-o.

Cornelius estancou o passo subitamente:

Lauro Trevisan

- És tu, meu bom Rabi?!

- Quem mais poderia ser? – sorriu Jesus.

- Como estás bem?! – admirou-se o centurião.

- Quero dizer-te que teu bom coração tem aconchego em Deus. Sou grato por teus esforços durante minha caminhada!

- Perdoa-me por não poder fazer mais do que fiz.

- Nada mais podias fazer. A escalada da cruz era missão que meu Pai me destinou. Nem tu, nem Pilatos, nem meus amados discípulos poderiam evitá-la.

- Mas, meu bom Rabi, agora prometo que cuidarei do teu bem-estar e segurança e estarás livre para levares a tua mensagem a qualquer parte.

- Minha missão terminou. Agora, o caminho pertence aos meus discípulos e discípulas de todos os tempos!

Quando o centurião se voltou para abraçar o Rabi, ele já não estava mais lá.

***

A noite se aproximava a olhos vistos. Estavam sentados ao lado do barco, na praia do Mar de Tiberíades, Simão Pedro, Tomé, Natanael, Tiago e João, filhos de Zebedeu, mais alguns discípulos.

Simão levantou-se e disse:

- Vou pescar!

- Vamos também nós contigo! – animaram-se todos.

Subiram no barco, batalharam a noite toda, mas nada apanharam. Ao romper do dia, chegaram à praia desanimados e de mãos vazias.

Ao descerem do barco, encontraram um moço na praia.

O centurião que espionava Jesus a mando de Pilatos

- Filhos, não tendes nada que comer? – perguntou-lhes.

-Nada! - responderam.

O moço, então, orientou-os:

- Lançai a rede à direita do barco e apanhareis alguma coisa.

Lançaram a rede e pegaram tanto peixe, que não conseguiam arrastá-los para fora.

João, o discípulo amado de Jesus, olhou bem para o moço e cochichou para Simão:

- É o Senhor!

Supondo que era Jesus, Pedro cobriu-se com um manto, pois estava nu.

Com muito esforço, os pescadores empurraram o barco para a praia e retiraram cento e cinqüenta e três grandes peixes.

Enquanto eles recolhiam a pesca e as redes, Jesus assou alguns peixes e convidou-os à refeição:

- Vinde almoçar!

Reuniram-se todos para a comida. Olhavam o tempo inteiro para Jesus, com a certeza de que era ele, mas ninguém se arriscou a perguntar.

Jesus abençoou o peixe e o pão e serviu-os.

Neste momento, eles tiveram certeza de que era o saudoso Rabi. A alegria foi indescritível.

Ao final do almoço, Jesus voltou-se para Simão e perguntou-lhe, numa espécie de ritual, se o amava. Simão disse que sim, com toda a força do seu coração. Jesus tornou a perguntar-lhe se o amava realmente.

- Sim, meu querido Rabi, tu sabes que te amo! – garantiu-lhe Pedro.

- Apascenta meus cordeiros!

Lauro Trevisan

Pela terceira vez, Jesus perguntou a Pedro a mesma coisa.

Simão ficou triste, pois lembrou as três vezes que o negara. Respondeu-lhe humildemente, mas com toda sinceridade:

- Senhor, tu sabes tudo. Sabes também que te amo.

Jesus então o abençoou e concluiu:

- Apascenta meus cordeiros e minhas ovelhas.

***

No dia seguinte, pela manhã, Lázaro, Maria e Marta estavam sentados na área interna da casa, orando, muito tristes, diante da túnica ensangüentada.

Quando ergueram os olhos, viram Jesus diante deles.

Inicialmente, se assustaram. Depois, ao perceberem o sinal dos cravos nos pulsos, prorromperam em brados de alegria, abraçando efusivamente o amado Rabi.

- Querido Rabi! - exclamou Lázaro.

- Amado do meu coração! - explodiu Maria, aos abraços incontidos. - Como estás lindo!

Marta também abraçou-o fortemente, confessando-lhe, com todo sentimento do seu coração:

- Oh, meu querido! – Sentimos tanto pelos teus sofrimentos terríveis!

Jesus retribuiu o carinho e disse-lhes:

- Tudo passou. A missão mais difícil do meu Pai foi cumprida!

- Fica conosco, amado Rabi! Estávamos com tanta saudade! – pediu Maria, beijando-o mais uma vez.

- Calma, Maria! – sorriu Marta.

Jesus irradiava profunda alegria interior.

O centurião que espionava Jesus a mando de Pilatos

Disse-lhes:

- Devo voltar para a casa do meu Pai. Lá há muitas moradas. Vou preparar-vos uma mais linda do que esta que tendes, para quando meu Pai quiser.

Marta correu, solícita como sempre, a preparar uma pequena refeição.

Jesus abençoou a comida e benzeu o pão. Então, desapareceu, deixando os três em estado de suprema felicidade.

***

A última aparição de Jesus, antes de sua subida aos céus, foi para sua mãe Maria.

Estava ela orando, em sua casa, em conversa silenciosa com seu amado filho, quando viu uma luz celestial e, em meio à luz, o próprio Jesus, seu filho.

- Meu filho?! - exclamou Maria, em êxtase de ternura.

- Minha amorosa mãe! – acariciou-a ele. – Não podia voltar para o Pai celestial antes de dar-te um abraço de amor. Sei que sofreste muito por minha causa, mas meus caminhos foram traçados por meu Pai que está nos céus. Tu foste extraordinária! Soubeste compreender minha missão! Serás chamada bem-aventurada por todas as gerações, que bendirão teu nome e te invocarão como minha mãe. Eu te dou o poder de atraíres as pessoas para o meu coração e assim serem agraciadas com as dádivas que suplicarem!

Maria ouvia com humildade e muito amor.

Sentiu um beijo na face, um carinhoso abraço, depois nada mais. Tudo silêncio na sala. Jesus desaparecera.

40

O adeus

De acordo com a recomendação de Jesus, no dia aprazado um grande número de discípulos e discípulas se reuniram no Monte das Oliveiras.

Apareceu-lhes ele naturalmente e saudou-os:

- A paz esteja sempre no vosso coração!

Todos se inclinaram reverentes.

Falou-lhes docemente:

- Volto para meu Pai. Mas, deixo-vos a minha missão. Ide pelo mundo inteiro e proclamai a boa e alegre nova a todas as criaturas. Quem crer, será salvo. Estes sinais acompanharão aos que têm fé: Em meu nome, expulsarão os males da alma, falarão línguas novas, suspenderão serpentes e se beberem algo mortífero, não lhes fará mal; imporão as mãos sobre os enfermos e eles serão curados. Nada temei. Eu estarei convosco todos os dias até a consumação dos séculos.

Sob os olhares estupefatos de todos, Jesus subiu aos céus.

O centurião que espionava Jesus a mando de Pilatos

41

Último encontro do centurião com Pilatos

Ao entrar em Jerusalém, numa bela tarde de primavera, três anos após a tragédia da cruz, Cornelius relembrou os acontecimentos que marcaram para sempre sua vida.

Agora, mais uma vez, Pilatos o chamava. Jerusalém comentava, à boca cheia, a destituição do procurador. Tibério, que havia executado Sejanus, amigo e protetor do prefeito, irritou-se sobremaneira com a chacina que Pilatos fizera na Samaria e aproveitou para condená-lo ao exílio, nas Gálias.

O centurião foi direto à Torre Antônia, onde o procurador estava para recolher seus pertences.

Encontrou Pilatos abatido, sentado na mesma cadeira do seu primeiro encontro. Na mesa, o mesmo vinho, as mesmas iguarias. Seu rosto refletia um misto de raiva e decepção. Todos seus sonhos políticos desmoronaram. Seu poder ruiu. O orgulho desandou. Embora Cláudia procurasse reanimá-lo, o procurador mostrava-se apático.

Cláudia, quando viu o centurião, foi ao seu encontro e deu-lhe suave abraço, que traduzia carinho e tristeza.

Lauro Trevisan

– Chegue, meu caro centurião – falou Pilatos, erguendo os olhos.

Cornelius saudou respeitosamente o procurador.

Olhando para a taça de vinho, erguida na mão, Pilatos desabafou:

– Estou deposto. Tudo acabou. As Gálias é o meu destino. Exílio.

– Mas a vida não acabou – tentou confortá-lo Cornelius. – Como dizia o Rabi, o reino dos céus está dentro e não aqui em Israel e nem em Roma.

Cláudia comentou:

– Desde a condenação do Rabi da Galiléia, as coisas não andaram bem para o meu marido. Tudo dava errado. Parecia maldição.

Cornelius interveio:

– A mensagem do Rabi não é de vingança e nem de ódio. Ele disse que veio perdoar a humanidade de seus erros e estabelecer um novo reino de amor, fraternidade e paz.

Pilatos sacudiu a cabeça:

– Para nós, romanos, esta linguagem não existe.

Cornelius insistiu:

– Quando ele estava pregado na cruz, em meio a terríveis tormentos, exclamou:

– Pai, perdoai-lhes, porque não sabem o que fazem!

– Mas eu sabia o que estava fazendo! Apenas me acovardei diante das ameaças de perder o cargo – confessou o procurador.

Cornelius quis amenizar a consciência do prefeito:

– Toda pessoa que comete erros, na verdade não sabe o que faz, porque, se soubesse dos resultados nefastos que necessaria-

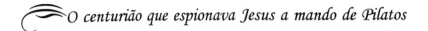 *O centurião que espionava Jesus a mando de Pilatos*

mente decorreriam, não faria. Somos movidos pela ilusão.

- É verdade! - concordou Cláudia.

- Se fosse hoje - confessou Pilatos - não teria assinado a sentença do Rabi.

- Errar é humano - consolou-o a mulher.

Pilatos bebeu um gole de vinho, passou a mão no queixo e ponderou:

- Sei que tu és ligado ao Rabi e à filosofia dele. A Cláudia é admiradora de Jesus e procura saber tudo sobre ele. É verdade sobre seus milagres?

Cornelius acenou afirmativamente com a cabeça:

- Eu mesmo tinha um servo querido, que estava à morte; fui à procura do Rabi e pedi que o curasse. Antes de chegar em casa, meu servo estava perfeito, feliz da vida.

Pilatos degustou alguns quitutes e abrandou sua dureza:

- Sinceramente, achas que o Rabi da Galiléia era filho de Deus?

- Era e é.

- Era, porque já não é - acentuou o procurador.

- É - sorriu Cornelius. - Porque tu mesmo soubeste pelos sumos sacerdotes que ele ressuscitou; e eu estou a par de várias aparições, em corpo e espírito, a alguns discípulos.

Pilatos estava difícil:

- Não poderia ser alucinação?

Ele apareceu a mim também.

- Não acredito! - espantou-se o prefeito.

- É mesmo?! - assombrou-se Cláudia.

- Eu estava caminhando na praia, meditando sobre os acontecimentos que culminaram com a crucificação, e eis que o Rabi

246

Lauro Trevisan

se aproximou de mim, a passos tranqüilos sobre a areia.

- Tu falaste com ele?! – quis saber Cláudia.

- Pedi que me perdoasse por não ter podido fazer mais do que fiz na ocasião.

- E ele? – apressou-se Cláudia.

- Lembro bem que ele me respondeu assim: "Nada mais podias fazer. A escalada da cruz era missão que meu Pai me destinou. Nem tu, nem Pilatos, nem meus amados discípulos poderiam evitá-la".

- Que cruel missão de pai! – criticou Pilatos.

- É preciso entender o lado místico. Ele veio trazer amor à terra. Para que isso acontecesse, era necessário apagar o passado sofrido e resgatar a humanidade, para um renascer glorioso e feliz. Disse ele que o caminho ditado pelo Pai, para que ocorresse a redenção e o amor, era o sacrifício da cruz.

- Podia ser diferente! – pensou Cláudia, em voz alta.

- Podia – concordou Cornelius. – Mas a humanidade acreditaria, se fosse apenas pela pregação?

Todos permaneceram em silêncio.

Foi, então, que Cláudia notou não ter oferecido bebida e iguarias ao centurião.

- Perdoa-me, Cornelius!- desculpou-se ela. - Esqueci de oferecer-te algo para comer e beber.

Derramou vinho na taça do centurião e pediu que se servisse das iguarias.

Pilatos começou a falar aleatoriamente, para ninguém:

- Se esse homem fosse ouvido, poderíamos acreditar num mundo melhor.

Voltando-se para o centurião:

O centurião que espionava Jesus a mando de Pilatos

- Dizes que ele veio para mudar, mas tudo continua igual. O mundo não tem cura!

- Nunca se pode perder a esperança! – respondeu Cornelius.

Pilatos agora estava inclinado a saber mais sobre Jesus. Uma réstia de luz entrara no seu coração.

Passou a mão nos cabelos e recordou:

- No julgamento, ele falou que era rei, mas o reino não era deste mundo; falou que veio trazer a verdade, mas isso é coisa de filósofo. No entanto, estou simpatizando com o teu Rabi, Cornelius.

Claudia sorriu satisfeita.

Pilatos amenizou a fisionomia, bateu no ombro do amigo, e convidou-o:

- Fica conosco esta noite e conta-nos o que sabes sobre o Rabi.

Foi a noite da despedida e do milagre.

FIM

Lauro Trevisan

Índice

1 - O centurião é convocado por Pilatos 07

2 - O centurião em Caná 13

3 - O centurião espiona Jesus 17

4 - Primeiro encontro de Jesus com Maria Magdalena 23

5 - O centurião no banquete para Jesus em casa de Simão,
o Leproso 35

6 - O centurião no jantar oferecido por Mateus a Jesus 40

7 - Cornelius ouviu as parábolas contadas por Jesus 45

8 - O centurião interroga Jesus e vai a Pilatos 50

9 - No poço de Jacó com a samaritana 57

10 - A festa do Zaqueu em Jericó 63

11 - Discussão sobre amor e perdão 70

12 - O centurião em casa de Lázaro com Jesus 77

13 - O centurião vai a Pilatos 91

14 - O centurião, Magdalena e Nicodemus 98

15 - Jesus, novamente em Betânia, fala de preconceitos de religião . 102

16 - O centurião volta a Cafarnaum 112

17 - O servo do centurião às portas da morte 116

18 - O centurião vai com Jesus a Gérasa 122

O centurião que espionava Jesus a mando de Pilatos

19 - Em Betsaida 128
20 - O milagre dos pães e dos peixes 131
21 - Jesus e Pedro caminham sobre as águas 133
22 - A cura da hemorroíssa e outros milagres 136
23 - Ser como as crianças, eis a questão 143
24 - Herodes Antipas desconfia de Jesus e convoca o centurião 151
25 - Na mansão de Maria Magdalena, o temor do escândalo 158
26 - Jesus, o centurião e os discípulos em Cesaréia 165
27 - Lázaro, grande amigo do Rabi, morreu e Jesus o ressuscitou 170
28 - O centurião e o complô contra Jesus 182
29 - A entrada triunfal em Jerusalém 186
30 - Encontro do centurião com a mulher de Pilatos 191
31 - A última ceia 193
32 - O centurião avisa Jesus do perigo que corre 199
33 - A prisão no Jardim das Oliveiras 201
34 - Pilatos avalia a situação com o centurião Cornelius 208
35 - O processo de Pilatos 211
36 - Pilatos não resiste à pressão e condena Jesus 216
37 - A caminho do Calvário e a crucificação 223
38 - O sepultamento e a ressurreição 229
39 - As aparições de Jesus 232
40 - O adeus 243
41 - Último encontro com Pilatos 244
     Pequeno Dicionário explicativo 251

Lauro Trevisan

Pequeno Dicionário Explicativo

AGULHA – entrada menor nas muralhas de Jerusalém. Havia muitas "agulhas". Eram reentrâncias triangulares que serviam para rechaçar os inimigos. **Santo Anselmo** (1033-1109) afirma que em Jerusalém havia uma certa porta, chamada "fundo de uma agulha", pela qual um camelo só passava se entrasse de joelhos, depois de lhe ser retirada toda a carga.

ANAZ – (Ananias) fora sumo sacerdote do ano 6 ao ano 15. Foi deposto pelo procurador romano Valério Grato. Continuava, porém, com grande influência, como se, de direito, ainda estivesse no poder. Além do genro Caifaz, cinco filhos dele ocuparam sucessivamente o cargo de sumo sacerdote. Foi incentivador da luta contra Jesus, por isso, quando o Nazareno foi preso, o levaram, em primeiro lugar, a ele.

APÓCRIFO – obra religiosa destituída de autoridade canônica; obra falsamente atribuída a um autor. Todos os evangelhos e textos evangélicos - além dos quatro evangelhos, mais os Atos dos Apóstolos e as cartas dos apóstolos – são considerados apócrifos pelo Cristianismo de hoje. Existem, por aí, como apócrifos, o Quinto Evangelho de Tomé; o Evangelho de Magdalena; o Evangelho Egípcio; o Evangelho de Gamaliel; o evangelho de Felipe e outros.

O centurião que espionava Jesus a mando de Pilatos

APRISCO – as ovelhas ficavam normalmente ao relento, no campo, confinadas em grandes recintos, fechados com pequeno muro de pedras - o aprisco - no qual eram colocadas, pela tardinha. Ali ficavam as ovelhas de vários pastores. De manhã, cada pastor entrava no aprisco e chamava suas ovelhas que, reconhecendo a voz, o seguiam até as pastagens.

AUGUSTO – Caio Julio César Otávio - (63ac – 14dc). Sobrinho e herdeiro de Julio César. Introduziu importantes reformas na constituição política de Roma e recebeu o título de Augusto. Organizou a política de tal forma que o senado compartilhasse o peso do poder. No seu império, reinaram a paz e a prosperidade. Foi no seu período que se deu o nascimento de Jesus.

BEELZEBUL ou BELZEBU – era um ídolo de Accaron, que os hebreus, por desprezo, chamavam Beelzebub, (baal zebub) que significa "deus das moscas" e o identificavam com o demônio.

BETFAGÉ - Aldeia junto ao Monte das Oliveiras, entre Jerusalém e Betânia.

CAIFAZ – Joseph Caifaz foi sumo sacerdote do ano 18 ao ano 35. A ele cabia presidir o sinédrio. Sinédrio é o supremo tribunal hebraico, formado por 71 juízes.

CÂNTARO – espécie de vaso de barro ou metal, de bojo largo, com gargalo e duas asas, para conter e transportar líquido.

CASA DE JESUS - [13]Deixando a cidade de Nazaré, foi habitar em Cafarnaum, à margem do lago, nos confins de Zabulon e Neftali, [14]para que se cumprisse o que foi dito pelo profeta Isaías: [15]A terra de Zabulon e de Neftali, região vizinha ao mar, a terra além do Jordão, a Galiléia dos gentios." Mt 4,13-15. (Gentios: não-judeus). Pelos textos do evangelho, Jesus tinha casa nos confins de Zabulon, em Cafarnaum, perto do Mar da Galiléia.

Lauro Trevisan

CASAMENTO – BODAS – O casamento hebreu compreendia duas fases. A primeira fase, era o noivado, em que acontecia o contrato oficial perante as testemunhas. Eram os esponsais. Mas ainda não viviam juntos. A segunda fase, consistia na festa do casamento, as bodas, que tinha lugar um ano após o noivado. Era celebrado com rito festivo e banquete, participado por parentes e amigos. Somente após este ato, os esposos passavam a viver juntos. Na véspera do casamento, ao anoitecer, havia um ritual: algumas pessoas, chamadas "filhos das Bodas" realizavam o epitalâmico - que era o canto nupcial – à porta da noiva. Na última fase da celebração das bodas, ao anoitecer, a noiva e as amigas esperavam o noivo com seu cortejo e então se dirigiam para a casa onde estava preparado o banquete.

CENÁCULO – sala da parte superior da casa onde se realizou a última ceia. A casa estava localizada no Monte Sion, em Jerusalém.

CLASSE RICA – os judeus mais ricos de Jerusalém eram a aristocracia dos sacerdotes, os grandes proprietários de terras e os funcionários do sistema fiscal romano. Também havia as classes superiores gregas e romanas. Quando se fala em sacerdotes, note-se que não se trata de religiosos, como hoje, mas de uma classe ligada ao governo, que era um estado teocrático.

CLÁUDIA PROCLA, OU PÓRCIA – esposa do prefeito Poncio Pilatos. Seria filha de Tibério, imperador romano. Consta que era simpatizante de Jesus e procurou alertar o marido para que não condenasse o Rabi da Galiléia. Cláudia é tida como santa em várias igrejas orientais.

COLETOR – Funcionário público encarregado de cobrar impostos. Era chamado de coletor tanto o chefe quanto o funcionário. O chefe, porém, era rico e não recolhia impostos, trabalho que pertencia aos funcionários. Eram malvistos, por três razões: uma, porque o povo tinha que lhes pagar, o que sempre é odioso; outra, porque pelo menos parte do dinheiro ia para Roma; por fim, por-

253

O centurião que espionava Jesus a mando de Pilatos

que havia muita roubalheira. É por isso que os coletores eram chamados de pecadores e publicanos.

COROZAIM – BETSAIDA – CAFARNAUM – essas três cidades, amaldiçoadas por Jesus, hoje são ruínas.

CÔVADO – medida de aproximadamente 46 centímetros.

EFRAIM – cidade ao norte de Betânia, região próxima do deserto, para onde Jesus, perseguido pelos chefes dos judeus, se retirou com seus discípulos.

ESCRIBAS – doutores da lei. Peritos no conhecimento da lei e mestres da mesma. Recriminou-os Jesus: "Vós vos apoderais da chave da lei".

ESSÊNIOS – segundo o historiador Flavio Josefo, no tempo de Jesus havia três seitas judaicas: fariseus, saduceus e essênios. Os essênios viviam no deserto, em comunidades monásticas ascéticas, sendo uma das principais sedes a de En-guedi, no Mar Morto. Tornaram-se famosos pelos manuscritos de Qunram. O termo essênio significaria sagrado ou piedoso. Originaram-se por volta do ano 150 ac e subsistiram até o ano 70, dc, sendo eliminados pelo exército romano de Tito, quando da destruição de Jerusalém. Eram cerca de 4.000 na Palestina. Serviam a Deus, auxiliavam o próximo, eram celibatários, não tinham criados porque acreditavam que todo homem e mulher é livre, praticavam a agricultura, conheciam os efeitos terapêuticos das ervas. Muito espiritualistas, viviam na pobreza e no trabalho.

ESTÁDIO – medida usada por judeus e romanos, correspondendo a 185 metros, mais ou menos.

ETNARCA – governador de província.

EVANGELHO – boa nova; alegre nova.

EVANGELISTA MATEUS – chamado também Levi - era coletor de impostos das repartições aduaneiras que existiam nas vizinhanças do Mar da Galiléia. Escreveu o seu evangelho em hebraico, ou, mais provavelmente, em aramaico, a língua popular do tempo, falada também por Jesus. Teria sido escrito por volta do ano 50. Era considerado o primeiro evangelho, mas pesquisas recentes tendem a indicar que o primeiro evangelho foi escrito por Marcos. Este evangelho só é conhecido na língua grega, daí que alguns estudiosos aventam a hipótese de ter sido escrito em grego por Mateus.

EVANGELISTA MARCOS – discípulo de Pedro. Não pertencia ao grupo dos doze. Escreveu seu evangelho em Roma, em grego, visando principalmente os cristãos provenientes do paganismo. Teria escrito o evangelho entre os anos 50 e 60.

EVANGELISTA LUCAS – era natural de Antioquia, na Síria. De origem pagã, era médico de profissão, homem de cultura superior. Há os que dizem que também teria sido pintor. Convertido, tornou-se discípulo de Paulo. Procurou buscar outras fontes de informação, além de Marcos e Mateus, e fez quase que uma biografia de Jesus. Destinava-se aos cristãos já conhecedores da doutrina evangélica. Escreveu em grego, na Grécia, ou talvez em Roma, onde seguiu Paulo no seu cativeiro, de 61 a 63. Seu texto foi escrito antes da destruição de Jerusalém, ocorrida no ano 70. Provavelmente, por volta do ano 60.

EVANGELISTA JOÃO – filho do pescador Zebedeu e de Salomé, parenta da mãe de Jesus. Escreveu seu evangelho em língua grega, em Éfeso, aproximadamente no ano 100. Era o mais jovem dos apóstolos, chamado "o discípulo amado". Não se baseou nos três outros, mas na sua catequese pessoal, repetida durante longos anos nos ambientes da Ásia Menor e destinado a cristãos afeitos à contemplação mística. São freqüentes, neste livro, particularidades cro-

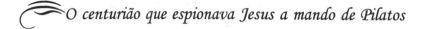 *O centurião que espionava Jesus a mando de Pilatos*

nológicas e episódios de inestimável valor para a reconstrução dos itinerários de Jesus.

EXCOMUNHÃO – pena máxima civil-religiosa. Os judeus ameaçavam Jesus e seus discípulos com a excomunhão.

FARISEUS E SADUCEUS – eram duas correntes religiosas importantes entre os judeus. Os fariseus admitiam não só a lei escrita dada por Deus a Moisés, mas também, e sobretudo, a tradição oral, transmitida de geração em geração, a qual continha minuciosas prescrições exteriores. Os escribas ou doutores da lei, que eram leigos eruditos na lei e nas tradições, adotavam esses princípios farisaicos, a tal ponto que, muitas vezes, eram confundidos com os fariseus. **SADUCEUS**, ao contrário, não acreditavam em nenhuma tradição oral. E, da lei escrita, admitiam somente o Pentateuco (Gênesis, Êxodo, Levítico, Números, Deuteronômio). Formavam um verdadeiro partido político, composto especialmente por aristocratas e sacerdotes.

FESTA DA PÁSCOA – É a festa mais importante do calendário judaico. No décimo quarto dia do mês de nissan (março-abril) comemora-se a festa da libertação da escravidão do Egito. Na ocasião, são lidos os relatos do Êxodo e é comido pão sem fermento. O auge da festa é a sagrada ceia do cordeiro pascal, celebrada nos dois primeiros dias.

FESTA DE PENTECOSTES – celebrada no sexto e sétimo dias do mês de silvan (maio-junho). É festa de duplo sentido: agrícola e religiosa. Na comemoração agrícola, são oferecidas as primícias do fruto da terra. Na parte espiritual, lembra o dia em que a Tora foi dada por Deus ao povo de Israel, no Monte Sinai.

FESTA DOS TABERNÁCULOS – tabernáculo é termo que significa tenda ou cabana. O outono é a estação das festas das colheitas. Também era comemorada a passagem dos antepassados pelo deserto. Começava no dia 15 do mês Tishrê (setembro/outubro) e se prolongava por sete dias.

FESTA DA DEDICAÇÃO - recordava a reconsagração do templo, depois das profanações do rei Antíoco IV.

FILHO DE DAVI – Título dado ao Messias, que seria filho de Davi. Jesus era da descendência direta de Davi e nasceu em Belém, cidade de Davi. Mas era conhecido como oriundo de Nazaré, por isso o chamavam de Nazareno. Normalmente, o tinham como Rabi da Galiléia, porque passou a maior parte da vida pública na Galiléia.

FILHO DO HOMEM – FILHO DE DEUS – pela expressão filho de Deus, Jesus confirmava sua divindade. A expressão Filho do Homem, usada por Jesus, consta no livro do profeta Daniel (cap 7). O Messias que vem do céu para julgar e possuir o reino eterno é chamado Filho do Homem.

GALILÉIA – território de 100X50 km, tendo como centro principal as cidades em torno do Mar da Galiléia. A região, quase toda constituída de montanhas, tinha mais de 200 cidades e vilas.

GEENA – Vale que ficava abaixo da muralha meridional de Jerusalém, destinado a receber as imundícies que desde tempos imemoriais aí se queimavam a fogo lento, permanente. Foi comparado com o fogo do inferno.

GENIN – aldeia, próxima de Sicar, em que Jesus curou os dez leprosos.

GETSÊMANI – era o nome de uma herdade particular, situada abaixo do cume do Monte das Oliveiras. (Ver MONTE DAS OLIVEIRAS). Getsêmani significa lagar para óleo. A família tinha um olivedo com instalações para fazer óleo. Marcos, autor do primeiro evangelho, era presumivelmente membro da família proprietária

O *centurião que espionava Jesus a mando de Pilatos*

da herdade. Diz o evangelho de Marcos, 14, 51: "Um moço, (Marcos), envolto apenas num lençol, o seguia, mas eles o prenderam; o moço, então, largando o lençol, fugiu nu".

HERODES, O GRANDE – tornou-se senhor da Palestina no ano 37 antes de Cristo. Casado com Doris; depois com Mariane I, da qual teve o filho Aristóbulo; casado depois com Mariane II, teve Herodes Felipe; com Maltace, teve Arquelau e Herodes Antipas; com Cleópatra, teve Felipe, o tetraca. Também teve filhas, cujos nomes não são conhecidos. Como leal vassalo de Roma - primeiro de Antonio, depois do imperador Otávio - Herodes consolidou seu poder, recebeu o título de rei, e ainda conseguiu de Otávio Augusto privilégios especiais: engrandecimento do seu território; a exoneração de tributo a Roma; isenção de tropas de ocupação e autonomia para as finanças, a justiça e o exército. Realizou obras grandiosas: reformou o templo de Jerusalém, construiu ginásios, termas, fortalezas, hipódromos, teatros, cidades, fontes. Construiu o importante porto de Cesaréia Marítima; embelezou Jericó e tornou-a sua residência favorita. Reconstruiu a cidade de Samaria, dando-lhe o nome de Sebaste, feminino grego do nome Augusto, em homenagem ao imperador. Sua vida amorosa e familiar foi um desastre. Tomado de paranóico ciúme de sua esposa Mariane I, extremamente linda, acabou por executá-la; também deu cabo de três filhos por acusá-los de conspirarem para assumir o poder; por fim, pouco antes da sua morte, ao saber que em Belém nascia o rei dos judeus, mandou matar todas as criancinhas de dois anos para baixo. Morreu quatro anos após o nascimento de Jesus.

HERODIANOS – funcionários de Herodes Antipas e pessoas a ele ligadas. Colaboravam para a dependência dos judeus ao domínio romano, por isso combatiam os zelotes e procuravam capturar agitadores políticos na Galiléia. Mas, na casa de Herodes Antipas havia membros que acreditavam em Jesus e iam ouvi-lo. Inclusive, Joana, esposa de Cuza, administrador de Herodes Antipas, era seguidora do Rabi.

IMPOSTO – havia o imposto cobrado por Roma; pelos judeus, para o templo; e o imposto cobrado por Herodes Antipas e Herodes Felipe. Nesses três casos, também ficava uma percentagem para Roma.

LAVAR OS PÉS DOS DISCÍPULOS – na época, as pessoas geralmente não sentavam à mesa. Reclinavam-se em divãs, triclínios, almofadas, de modo que os pés ficavam de fora. Antes da refeição, alguns escravos tinham a tarefa de lavar os pés dos comensais. Jesus quis dar exemplo de humildade.

LEVITA – depois que a arca foi transferida para Jerusalém, o rei Davi organizou a casta dos levitas para o serviço do canto na Casa do Senhor. No livro Crônicas,(1,23;5) consta: "Quatro mil para louvarem o Senhor com instrumentos feitos por Davi com este propósito". Crônicas,1,25;1: "Certos levitas foram separados para "profetizarem com harpas, alaúdes e címbalos". Davi não construiu o templo, mas tinha o templo e toda a organização guardados no coração. Deus teria determinado que o templo seria construído por seu filho Salomão e foi o que aconteceu.

LÍNGUAS FALADAS NA PALESTINA – principalmente o hebraico, o aramaico e o grego.Hebraico: falado pelas classes cultas. Aramaico era o hebraico popular, língua do povo. A língua grega estava muito viva principalmente na classe dominante, desde a conquista de Alexandre, cujo domínio efetuou-se do ano 332 a 167 antes de Cristo. A cultura grega manteve forte influência até depois da conquista romana, em 63 antes de Cristo.

MAR MORTO – com 80 km de comprimento por 19 de largura, situado a 390 m abaixo do nível do Mediterrâneo e mais outro tanto de profundidade. Não há vida em suas águas devido à alta concentração de potássio, enxofre, bromo, fosfato, magnésio, sódio e outros minerais. A água é quente e grossa; o ar é seco e pesado, praticamente sem vento. Por esta razão, há forte evaporação da

O centurião que espionava Jesus a mando de Pilatos

água, sem perder a quantidade de sais minerais.

MEDIDAS DO TEMPO
DIA – o dia começava à tarde e terminava ao pôr do sol do dia seguinte. Por isso, o descanso do sábado começava na véspera, à tardinha. Depois do sábado, vinham: o primeiro dia, segundo dia, terceiro, quarto, quinto e sexto dia.

HORAS DO DIA – as horas do dia eram 12, contadas entre o nascer do sol e o poente. Geralmente se fazia alusão às 4 horas principais: a primeira (seis da manhã); a terceira hora (nove da manhã); a nona hora (três da tarde, compreendendo também as duas horas seguintes); a noite era dividida em quatro vigílias que correspondiam ao turno das sentinelas, de 3 horas cada vigília.

MÊS – era calculado com base nas fases da lua, com 29 ou 30 dias, a partir da lua nova. Embora a semana tivesse sete dias, não havia dia fixo para começar o mês, porque o calendário é lunar e o mês sempre inicia na lua nova.

ANO – era formado por 12 meses lunares. A cada dois ou três anos, intercalava-se o 13º mês, para estabelecer o ajuste de acordo com a sucessão das estações. Isto era necessário porque as festas, embora estabelecidas conforme os meses lunares, tinham relação com as fases da agricultura. Os nomes dos meses usados pelos judeus depois do cativeiro da babilônia, ocorrido no século sexto antes de Cristo, são: Nisan (março-abril); Ijjar (abril-maio); siwan (maio-junho); tammuz (junho-julho); ab (julho-agosto); elul (Agosto-setembro); tishri (setembro-outubro); markheshvan (outubro-novembro); kislew (novembro-dezembro); tebeth (dezembro-janeiro); shebat (janeiro-fevereiro); adar (fevereiro-março).

MESSIAS – havia a crença, desde o profeta Isaías, de que Deus mandaria um Messias: um descendente da casa de Davi, que redimiria a humanidade e estabeleceria o reino de Deus na terra.

Lauro Trevisan

METRETA – "Havia ali seis talhas de pedra destinadas às abluções dos judeus, contendo, cada uma, duas ou três metretas" (Jo 1,6). Metreta, ou medida, equivalia a 39 litros.

MIRRA – resina aromática com extrato de aloés, que, unida ao óleo de oliveira, formava um perfume destinado a vários usos. Era usada no morto com a finalidade de atenuar os efeitos da decomposição. Cem libras desse perfume, trazido por José de Arimatéia, correspondiam a pouco mais de 30 quilos.

MOEDAS

MOEDA - no tempo de Jesus, havia três tipos de moedas em maior circulação na terra de Israel: a moeda oficial romana: o denário; a moeda provincial grega, cunhada na província da Síria: a dracma; e a moeda judaica, fabricada, possivelmente, na Cesaréia Marítima: o shekel. Eram cunhadas em ouro; prata; e bronze ou latão. O denário, a dracma e a moeda de prata tinham o mesmo valor. Correspondiam a um dia de trabalho de um trabalhador braçal. O shekel correspondia a 4 denários romanos ou 4 dracmas gregas ou 4 moedas de prata.

DENÁRIO – moeda romana equivalente à dracma e à moeda de prata; quatro denários equivaliam a um shekel judaico. O denário correspondia ao valor de um dia de trabalho braçal.

DRACMA – moeda de valor equivalente ao denário romano e quatro vezes inferior ao shekel judaico. Correspondia a um dia de trabalho braçal.

MOEDA DE PRATA - Judas cobrou 30 moedas de prata para trair Jesus. Equivale ao denário e à dracma e corresponde a um dia de trabalho braçal. (Veja: Judas e as trinta...)

O centurião que espionava Jesus a mando de Pilatos

JUDAS E AS TRINTA MOEDAS DE PRATA – trinta moedas de prata era o valor de um escravo. Segundo o livro do Êxodo, (21,32), quem tivesse matado um escravo era obrigado a pagar 30 moedas de prata.

DIDRACMA – imposto de duas dracmas, devido ao templo. Correspondia a dois denários, equivalendo a dois dias de trabalho.

ESTATER – moeda que Pedro tirou das guelras do peixe para pagar o seu imposto e o de Jesus. Equivale a duas didracmas, exatamente o valor do imposto de Jesus e Pedro.

SHEKEL – moeda judaica cujo valor equivalia a 4 dracmas gregas ou 4 denários romanos. Correspondia a 4 dias de trabalho braçal.

TALENTO – correspondia a 20 kg de prata, valor de 600 denários. Os mil talentos que certo homem devia ao credor, valiam 60 milhões de denários, contra a dívida de 100 denários do outro devedor. Na parábola dos talentos, um empregado recebeu 5 talentos, cujo valor correspondia a 100 kg de prata; outro recebeu 4 talentos: 80 kg de prata; assim por diante.

MINA – não era uma moeda, mas um certo peso de prata - cerca de meio quilo - correspondente à sexagésima parte do talento.

MÓ – pedra grande circular, dura, com que se trituravam grãos no moinho, girando uma sobre a outra; também servia para espremer a azeitona no lagar a fim de extrair azeite.

MONTE DAS OLIVEIRAS – situado 50 metros acima de Jerusalém. Fica perto de Betfagé. No Monte das Oliveiras, mais abaixo do pico, havia uma quinta particular, de nome Getsêmani, que possuía um lagar para fazer óleo de oliveira. Na quinta, havia um belo jardim. Os donos da quinta eram amigos de Jesus, por isso o Mes-

Lauro Trevisan

tre ia até lá com freqüência. Um dos familiares dessa quinta era Marcos, escritor de um evangelho. Há uma cena no evangelho de Marcos, contada por ele mesmo: quando prenderam Jesus, Marcos, jovem, pulou da cama, enrolado num lençol e foi ver o que acontecia. Quiseram prendê-lo também, mas ele soltou o lençol e safou-se nu.

MONTE MORIÁ e MONTE SIÃO – situam-se em Jerusalém.

MONTE TABOR – monte de 588 metros acima da planície, oferecendo bela visão das aldeias e lavouras do vale de Jezrael. O cume tem mil metros de comprimento por 400 de largura. Local onde ocorreu a transfiguração de Jesus.

MURALHAS DE JERUSALÉM – tinham cerca de 3 km de comprimento, 13 metros de altura, 34 torres, 8 Pórticos: Porta Nova, Porta de Damasco, Porta de Herodes, Porta dos Leões, Porta de Ouro, Porta do Lixo, Porta de Sião, Porta de Jafa. A parte mais alta do muro é chamada de Pináculo do Templo e tem 70 m de altura. Nas muralhas de Jerusalém há muitas "agulhas", nome dado a "reentrâncias triangulares existentes na parte interna do muro, que servem para rechaçar os inimigos".

NARDO – Perfume extraído de uma planta aromática. A melhor qualidade era importada da Índia. Uma libra pesava 300 gramas, com valor de 300 denários, correspondendo a trezentos dias de trabalho.

NAZARÉ – BELÉM – distância: 160 km.

NAZARÉ – JERUSALÉM – distância aproximada: 150 km.

ODIAR – amar menos; seu oposto é preferir.

ODRE – recipiente feito de pele de cabra para colocar líquido, como vinho, água, etc.

O centurião que espionava Jesus a mando de Pilatos

OPERÁRIOS NA PRAÇA - era costume, na época, os desempregados ficarem na praça, a espera de alguém que os contratasse. Quando um patrão precisava de operários, dirigia-se à praça e combinava com eles o pagamento do serviço.

PALESTINA - Desde o ano 63 ac, conquistada por Pompeu, se tornou província romana da Síria. No tempo de Jesus, tinha cerca de 2.500.000 habitantes. Jerusalém era cidade de 50.000 a 100.000 habitantes. As classes mais eruditas falavam hebraico e o povo falava aramaico, inclusive Jesus. Havia dissensões entre judeus e samaritanos e galileus. Os judeus desprezavam os samaritanos por terem construído seu próprio templo e adotarem apenas o Pentateuco (Gênesis, Êxodo, Levítico, Números, Deuteronômio). Os judeus também tinham pouco apreço pelos galileus, porque estes criticavam o fanatismo dos judeus pelas minúcias da lei e, além disso, estavam bastante misturados com outros povos. Mas todos tinham algo em comum: rejeitavam a dominação romana.

PÃO MOLHADO - Jesus deu a Judas um bocado de pão molhado no vinho. O ato de oferecer um pedaço de pão molhado era gesto de cortesia, na época, assim como é, hoje, oferecer vinho a um hóspede importante.

PARÁCLITO - consolador, advogado, auxílio, defensor, protetor. Termo usado para significar Espírito Santo. Jesus falou, certa vez: "Quando vier o Paráclito, que eu enviarei da parte do meu Pai, o Espírito da verdade, que procede do Pai, ele dará testemunho de mim".

PARTIR O PÃO - gesto ritualístico, bastante comum, com o qual se iniciava todo banquete. Ao final da ceia, havia outro ritual: pronunciava-se a oração de agradecimento sobre o cálice principal. (Benção). Na última ceia, Jesus se aproveitou desse ritual para instituir a eucaristia.

PATÍBULO - segundo o costume romano, o condenado carregava só o patíbulo, isto é, o madeiro horizontal da cruz. A outra parte, vertical, já estaria preparada no local do suplício. Mas, a grande parte das ilustrações da via crucis mostra Jesus carregando a cruz inteira.

PEDRO E A IGREJA – Pedro disse a Jesus: "Tu és o Cristo, filho de Deus vivo!" Jesus respondeu-lhe: "Tu és Pedro e sobre esta pedra edificarei minha Igreja". Santo Agostinho (354-430) registrou em seu livro Retratações, escrito no fim de sua vida, que sempre, salvo uma vez, ele havia explicado as palavras "Sobre esta pedra", não como se referindo à pessoa de Pedro, mas sim a Cristo, cuja divindade Pedro havia reconhecido e proclamado. (Retrações, livro 1, cap 21). Texto: "Num certo lugar do livro, falando do Apóstolo Pedro, disse que a Igreja está fundada nele como sobre a pedra, como é cantado também por muitos, nos versos do beatíssimo Ambrósio, onde diz do galo: *"Com o canto deste, a própria pedra da Igreja chorou a sua culpa"*. Mas, a seguir, porém expus muitíssimas vezes as palavras ditas pelo Senhor: *"Tu és Pedro e sobre esta pedra edificarei a minha Igreja"* como se por *"sobre esta pedra"*, se devesse entender o que Pedro afirmou quando exclamou: *"Tu és o Cristo, o Filho do Deus vivo"*; e que Pedro recebeu nome desta pedra, porque representa a pessoa da Igreja edificada sobre esta pedra, e recebeu as chaves do reino dos céus. Não lhe foi dito de fato: Tu és pedra, mas tu és Pedro; pedra era o Cristo, e Simão que o tinha reconhecido como o reconhece toda a Igreja, foi, por isso, chamado de Pedro. O leitor escolha qual é a mais provável das duas sentenças". (Agostino, *I due libri delle ritrattazioni* ? Os dois livros das retratações? , Firenze 1949, Livro primeiro, cap. XXI, pag. 117-118).

PILATOS Poncio – Quinto procurador da Judéia, com sede em Cesaréia de Felipe e, eventualmente, em Jerusalém. Pertencia à ordem dos cavaleiros, classe de origem humilde que enriqueceu e ganhou prestígio. Por influência de Sejanus, poderoso prefeito da Guarda Imperial de Tibério, em Roma, foi nomeado prefeito, ou procurador, de Roma nas províncias da Judéia e Samaria. Casado

O centurião que espionava Jesus a mando de Pilatos

com Cláudia Procla, ou Pórcia, filha de Tibério. Era duro, autoritário, pouco se importando com os privilégios dos judeus. Atentou contra os judeus ao querer introduzir as insígnias do imperador Tibério em Jerusalém e quando tomou o dinheiro do templo para construir um aqueduto. Foi deposto por Vitélio, legado da Síria, e mandado de volta para Roma, por ter determinado matança de samaritanos do Monte Garizim. De Roma, teria sido exilado nas Gálias e teria se convertido graças à sua esposa Cláudia, simpatizante de Jesus. Seu mandato foi do ano 26 a 36. A Igreja Copta (Igreja não calcedônica) considera Poncio Pilatos santo. Essa idéia foi fortalecida pelo evangelho apócrifo de Gamaliel. Sua esposa Cláudia é tida como santa em várias igrejas orientais.

PISCINA DE BETESDA - João levou Jesus até um dos portões de Jerusalém, onde havia uma piscina de água chamada Betesda. Em volta desta piscina havia uma estrutura de cinco arcadas, sob as quais um grande grupo de doentes aguardava a cura. Tratava-se de uma fonte cuja água quente avermelhada borbulhava em intervalos irregulares, por causa do acúmulo de gás nas cavernas de rocha, por baixo da piscina. Tal alteração periódica, nas águas quentes, era considerada por muitos como sendo devido a influências sobrenaturais. E era uma crença popular que a primeira pessoa a entrar na água, depois daquele borbulhamento, seria curada de qualquer enfermidade. (Enciclopédia Google). Também chamada de piscina probática, piscina de Betsaida e piscina de Bezata.

PISCINA DE SILOÉ – tanque de água, de cerca de 100 m², abastecido por um canal subterrâneo, de 530 m, até a fonte de Gion. Foi construído pelo rei Ezequias. As águas tinham poder curativo, como as da piscina de Betesda.

POBRE – significava humilde; manso; pobre.

PROCURADOR – Título dado ao administrador romano da Judéia e Samaria. Depois que Augusto depôs Arquelau, filho de Herodes, o Grande, que governava a Judéia e a Samaria, estas províncias passaram a ser administradas por um procurador determinado por Roma. O procurador, também chamado prefeito, tinha jurisdição para julgar, condenar, executar, além de criar e cobrar impostos. Pilatos foi o quinto procurador. O procurador da Judéia estava sob a jurisdição do Legatus da Síria. O procurador era também chamado de prefeito e, ainda, de governador.

PUBLICANO – denominação pejorativa dos coletores de impostos. Significava pecador.

RABI – senhor, mestre, em hebraico.

RABONI – senhor, mestre, em aramaico.

RIO JORDÃO – o maior rio da Palestina. Nasce junto do monte Hermon, que tem 2.750 m de altitude e está sempre coberto de neve. O Jordão se origina acima do nível do mar e desemboca no Mar Morto a 390 m abaixo do nível do Mediterrâneo. Inicialmente, atravessa o lago Hule, ainda 80 m acima do nível do mar, segue 16 km e forma o Lago de Genezaré, este já a 210 m abaixo do nível do mar. Entre o Lago Hule e o Lago de Genezaré, o Jordão corre com violência numa garganta de 350 m de profundidade.

SACERDOTES – encarregados dos ofícios, das trombetas, dos sacrifícios de animais.

SALOMÃO E SUAS MULHERES – diz o livro dos Reis (1, 11,1-4): "Além da filha do Faraó, o rei Salomão amou muitas mulheres estrangeiras: moabitas, amonitas, edomitas, sidônias e hetéias, pertencentes às nações das quais Iahweh dissera aos filhos de Israel: "Vós não entrareis em contato com eles e eles não entrarão em contato convosco; pois, certamente eles desviarão vossos corações para seus deuses". Mas Salomão se ligou a elas por amor; teve setecentas mulheres princesas e trezentas concubinas. Quando ficou

O *centurião que espionava Jesus a mando de Pilatos*

velho, suas mulheres desviaram seu coração para outros deuses e seu coração não foi mais todo de Iahweh, seu Deus, como o fora o de Davi, seu pai".

SAMARIA – JERUSALÉM – distância: 60 km.

SAMARITANOS – povo que vive na região da província da Samaria. Os habitantes são descendentes da tribo de José, mas no correr do tempo uniram-se a outros povos, razão pela qual eram desprezados pelos judeus, que se dizem descendentes do pai Abraão. Em reação a tal discriminação, os samaritanos construíram seu próprio templo no monte Garizim, o que lhes atraiu maior antipatia ainda por parte dos judeus, que só admitiam o templo de Jerusalém como único lugar de adoração. Jesus tinha muita simpatia pelos samaritanos, por serem menos apegados às tradições e mais libertos. Outro ponto de conflito com os judeus era que os samaritanos só admitiam, das escrituras, o Pentateuco, nome coletivo dado aos cinco primeiros livros da bíblia: Gênesis, o Êxodo, Levítico, Números e Deuteronômio. Esses eram tradicionalmente considerados como Lei de Moisés.

SEJANUS – Lucio Aélio – administrador-chefe do imperador Tibério e prefeito de sua Guarda Pessoal. Recebeu o título de cônsul e, dado seu prestígio, conseguiu que Tibério deixasse as intrigas de Roma e se refugiasse na Ilha de Capri. Com isso, usava e abusava do poder, em Roma. Acusado de ter matado Druso, filho único de Tibério, e de intentar um golpe de estado, foi decapitado no ano 31 e seu corpo arrastado pelas ruas de Roma, onde era odiado.

SICÔMORO – figueira especial, de porte grande, própria da região de Jericó. Seus frutos são como figos, cor-de-rosa quando maduros.

SINAGOGA – centro da vida religiosa dos judeus. Eram prédios geralmente retangulares, contendo um grande armário em que se conservavam os rolos da bíblia. Tinha um púlpito onde era lida e comentada a bíblia. A leitura e a oração era presidia pelo chefe da sinagoga. O comentário podia ser feito também por um dos presentes.

SINÉDRIO – o termo grego significa reunião, assembléia. É nome dado a uma espécie de senado judeu. Composto por um grupo de 71 homens especiais, que formavam o supremo tribunal dos judeus. Faziam parte do sinédrio: ex-sumos sacerdotes, chefes das famílias sacerdotais, descendentes de famílias nobres e um certo número de peritos nas leis (escribas). Era a mais alta corte de Justiça judaica. Tinha permissão de Roma para receber dos judeus o imposto da didracma, duas dracmas, sendo uma para o governo judeu e outra para Roma.

SÍRIA – sede do governo romano, com jurisdição sobre a Palestina. Cruzada por rotas que ligavam as civilizações do norte com as civilizações do Egito, ao sul. Os sírios, ou arameus, descendem de Arã, filho de Sem, neto de Noé.

SODOMA E GOMORRA – cidades localizadas provavelmente ao sul do Mar Morto. É possível que tenha ocorrido uma erupção vulcânica, segundo alguns estudiosos. Há também os que dizem que se localizavam onde hoje é o Mar Morto.

SUMO SACERDOTE – era a autoridade máxima religiosa, civil, política e judiciária. Roma concedia poderes especiais ao sumo sacerdote, mas influenciava na escolha dele, quando não o escolhia diretamente.

SUMOS SACERDOTES (no plural) – **ou Príncipes dos sacerdotes ou pontífices** - eram os sumos sacerdotes não mais em exercício do cargo. Faziam parte do sinédrio.

TEMPLO DE JERUSALÉM – era o único lugar oficial para se oferecer sacrifícios a Deus. Construído por Salomão, em obediência a uma ordem divina, no décimo século antes de Cristo, foi destruído

 *O centurião que espionava Jesus a mando de Pilatos*

por Nabucodonosor no sexto século antes de Cristo. Foi reerguido, 50 anos mais tarde, por Zorobabel e engrandecido por Herodes, o Grande, que lhe deu uma suntuosidade sem igual. A inauguração das obras de Herodes ocorreu 4 anos antes do nascimento de Jesus. Mas o embelezamento terminou 60 anos depois, ou seja, apenas seis anos antes da destruição do templo, pelo exército romano de Tito. O paredão mais alto situava-se no ângulo a sudoeste, perpendicular ao vale do Cedron, e era chamado de "pináculo do Templo". O templo tinha vários pórticos sendo mais grandiosos o Pórtico Real e o Pórtico de Salomão.

TETRARCA – governador de uma tetrarquia. (Tetra=4, em grego). Cada um dos 4 governantes da Palestina, dividida em quatro partes. As tetrarquias eram distribuídas assim: Judéia e Samaria, governada por Arquelau e, depois, por um procurador romano; Galiléia e Peréia, governada por Herodes Antipas; Ituréia e Traconítide, governada por Herodes Felipe; Abilene, governada por Lisânias. A Decápole era um território que dependia diretamente do Legatus da Síria, nomeado por Roma.

TIBERÍADES – Cidade situada à margem do Mar da Galiléia. Fundada por Herodes Antipas, por volta do ano 20. Nome dado em homenagem ao imperador Tibério.

TIBÉRIO – Cláudio Nero César - imperador romano. (14-37dc). Enteado de Augusto e seu sucessor. Homem capacitado, bom administrador, mas um tanto indeciso. Teve muitos problemas criados por seus colaboradores. Foi Sejanus, chefe de sua guarda pessoal e administrador, que conseguiu o cargo de procurador da Judéia para seu amigo Poncio Pilatos. Tibério era o imperador durante a vida pública de Jesus.

ÚLTIMA CEIA – ao fazer a ceia pascal na quinta-feira à noite, ao invés de sexta-feira, Jesus antecipou de um dia a celebração do cordeiro pascal. Mas havia um grupo de hebreus que seguia o calendário da

Lauro Trevisan

quinta-feira. Não era costume, no tempo de Jesus, sentar-se à mesa. Reclinavam-se sobre divãs, triclínios, almofadas, de modo que os pés ficavam para fora. Antes da refeição, alguns escravos chegavam aos comensais para lavar-lhes os pés.

ZELOTES OU ZELOTAS – subversivos, revolucionários, nacionalistas, que lutavam para derrubar o domínio romano. Geralmente, eram galileus, provenientes de classes pobres e de pequenos camponeses.

****

SENTENÇA DE PILATOS CONDENANDO JESUS À MORTE PELA CRUCIFICAÇÃO – registro aqui essa peça condenatória, apenas como curiosidade, pois nada consta nos evangelhos e nem historicamente. É apócrifo. Retirei-o da enciclopédia Google, exatamente como transcrito abaixo:

"No ano dezenove de Tibério César, Imperador Romano de todo o mundo, Monarca invencível na Olimpíada cento e vinte e um, e na Elíada vinte e quatro da criação do mundo, segundo o número e cômputo dos Hebreus, quatro vezes mil cento e oitenta e sete, do progênio do Romano Império, no ano setenta e três, e na libertação do cativeiro de Babilônia, no ano mil duzentos e sete, sendo governador da Judéia Quinto Sérgio, sob o regimento e governador da cidade de Jerusalém, Presidente Gratíssimo, Pôncio Pilatos; regente na Baixa Galiléia, Herodes Antipas; pontífice o sumo sacerdote Caifás; magnos do templo Alis Almael, Robas Acasel, Franchino Ceutauro; cônsules romanos da cidade de Jerusalém, Quinto Cornélio Sublime e Sixto Rusto, no mês de março e dia XXV do ano presente - eu, Pôncio Pilatos, aqui Presidente do Império Romano, dentro do Palácio e arqui-residência, julgo, condeno e sentencio à morte Jesus, chamado pela plebe - Cristo Nazareno - e galileu de nação, homem sedicioso, contra a lei Mosaica - contrário ao grande Imperador Tibério César. Determino e ordeno por esta, que se lhe dê morte na cruz, sendo pregado com cravos como

O centurião que espionava Jesus a mando de Pilatos

todos os réus, porque congregando e ajustando homens, ricos e pobres, não tem cessado de promover tumultos por toda a Judéia, dizendo-se Filho de Deus e Rei de Israel, ameaçando com a ruína de Jerusalém e do sacro Templo, negando o tributo a César, tendo ainda o atrevimento de entrar com ramos e em triunfo, com grande parte da plebe, dentro da cidade de Jerusalém. Que seja ligado e açoitado e que seja vestido de púrpura e coroado de alguns espinhos, com a própria cruz aos ombros para que sirva de exemplo a todos os malfeitores, e que, juntamente com ele, sejam conduzidos dois ladrões homicidas; saindo logo pela porta sagrada, hoje Antoniana, e que se conduza Jesus ao monte público da Justiça, chamado Calvário, onde, crucificado e morto ficará seu corpo na cruz, como espetáculo para todos os malfeitores, e que sobre a cruz se ponha, em diversas línguas, este título: "JESUS NAZARENUS, REX JUDEORUM". Mando, também, que nenhuma pessoa de qualquer estado ou condição se atreva, temerariamente, a impedir a Justiça por mim mandada, administrada e executada com todo o rigor, segundo os Decretos e Leis Romanas, sob as penas de rebelião contra o Imperador Romano. Testemunhas da nossa sentença: Pelas doze tribos de Israel: Rabaim Daniel, Rabaim Joaquim Banicar, Bambasu, Laré Petuculani. Pelos fariseus: Bullieniel, Simeão, Ranol, Babbine, Mandoani, Bancurfossi. Pelos hebreus: Matumberto. Pelo Império Romano e pelo Presidente de Roma: Lucio Sextilo e Amacio Chilicio.

Nota: diz a fonte que esta cópia teria sido extraída de um museu da Espanha.